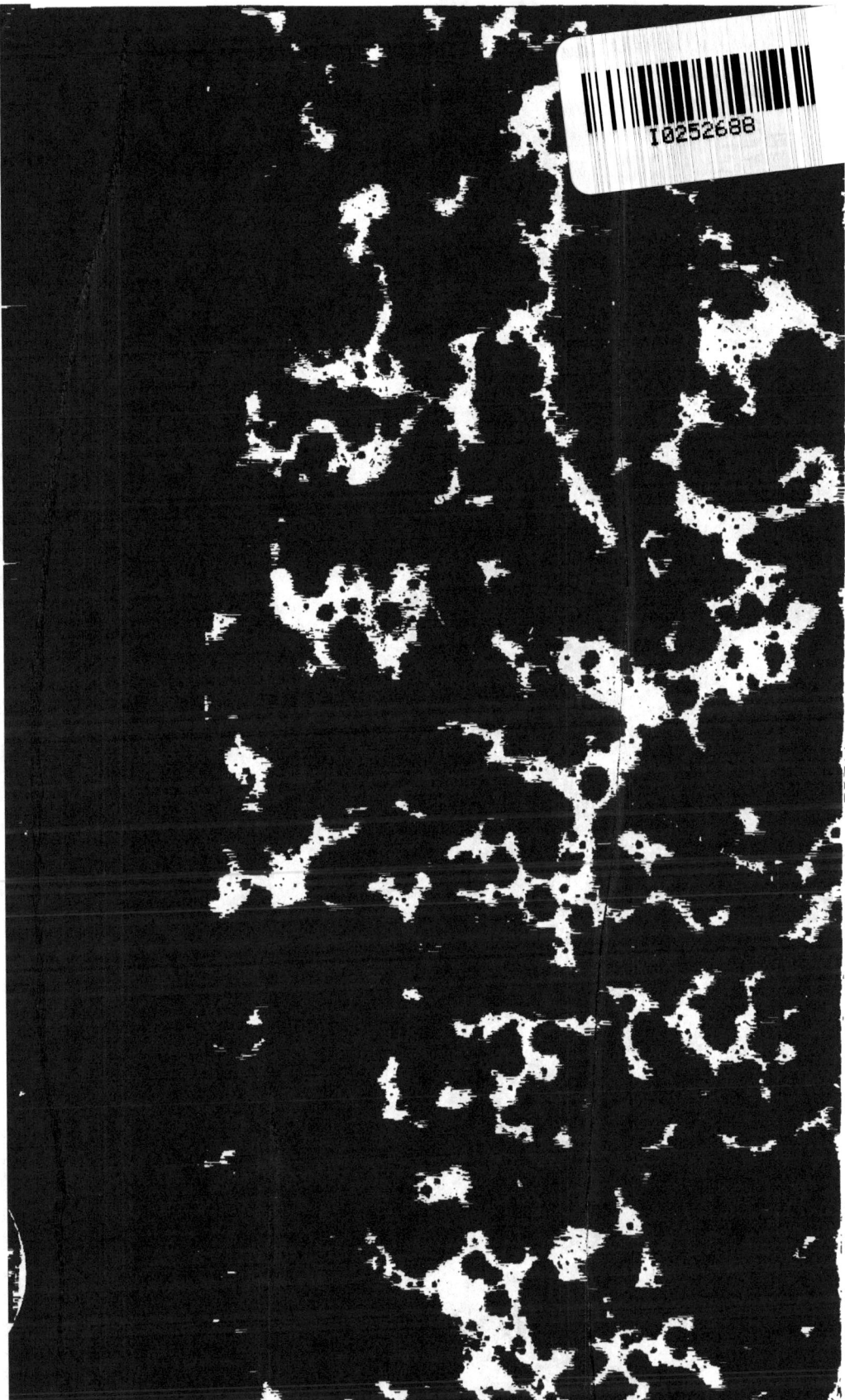

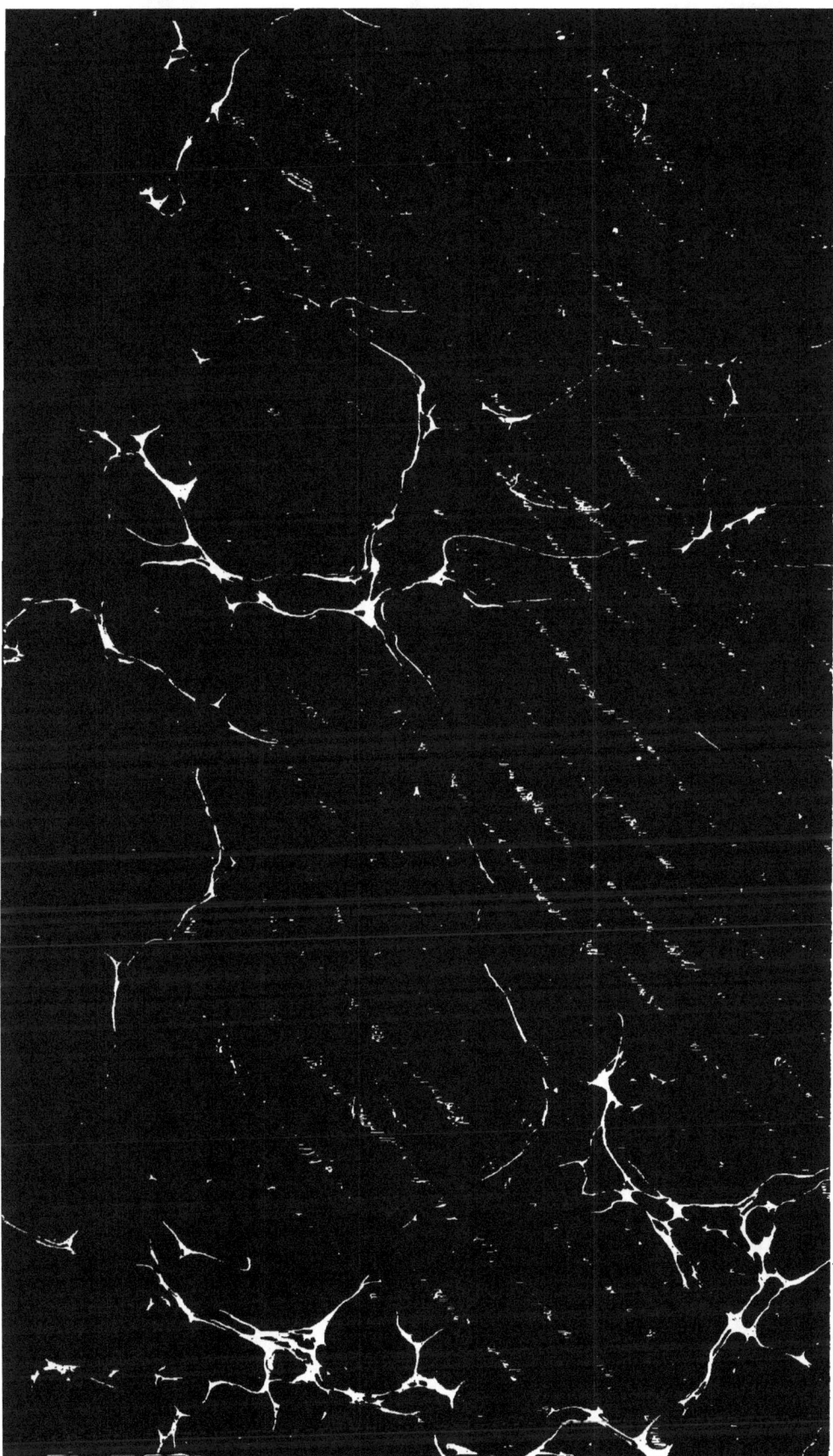

L'ESPRIT
DU GOUVERNEMENT ANGLAIS,

Où son *système politique et celui des Puissances de l'Europe pendant deux siècles : ouvrage utile à tous les Européens, dans lequel on donne une idée de XII Traités depuis la Paix de Westphalie en 1648, jusqu'à celle d'Amiens en 1802. Plus, un détail historique sur la quatrième coalition contre la France ; un extrait de la Convention du 11 Avril 1805, entre l'ANGLETERRE, la RUSSIE, l'ALLEMAGNE et la SUEDE ; un recueil des hauts faits de la Grande Armée, depuis son départ de Boulogne jusqu'à Austerlitz, et l'Analyse du Traité de Presbourg.*

DÉDIÉ A L'ARMÉE FRANÇAISE.
Seconde Édition, revue et augmentée.

Par M. Le COMTE, Auteur du Mémorial de la Révolution de France, et de plusieurs autres ouvrages littéraires.

A PARIS,
Chez VINÇARD et Comp.nie. Imprimeurs-Libraires, rue des Prêtres-St.-Séverin, N°. 4; Et chez les principaux Libraires.

Mettre sous les yeux des Peuples de l'Europe, le système politique du cabinet de Londres et celui des puissances continentales, telle est l'intention qu'a eue l'Auteur: pour remplir son but, il a emprunté le style d'un Danois qui, en 1756, passa en revue les relations commerciales des Puissances de l'Europe, et développa les causes de la guerre de *sept ans*, ainsi que les conséquences du Traité de Versailles en 1763. L'Editeur a conservé le style de l'Auteur Danois, mais il a augmenté cet ouvrage d'une table alphabétique où se trouve le nom des personnages qui ont figuré dans toutes les négociations, et d'une foule de Notes d'autant plus précieuses pour l'histoire, qu'elles viennent à l'appui des citations de l'Auteur Danois, qu'elles donnent la date précise d'un grand nombre d'événemens ; qu'elles montrent enfin, l'esprit pacifique des Souverains de la France, entraînés depuis deux siècles, dans des guerres longues et cruelles, pour mettre un frein à l'ambition de la Grande-Bretagne, constamment décidée à bouleverser l'Europe, augmenter sa puissance et son commerce maritime. M. Le COMTE a enrichi cet ouvrage par la citation des hauts faits *de la Grande Armée* depuis son départ de Boulogne jusques et compris le Traité de Presbourg : son style pur et laconique n'offre que des faits : cependant, on y reconnoît l'esprit vraiment national de l'Auteur qui, déjà, s'est fait remarquer par plusieurs productions littéraires et politiques. Enfin, nous pensons que *l'Esprit du Gouvernement Anglais* doit fixer l'attention de tous ceux qui prennent quelqu'intérêt aux affaires du Continent.

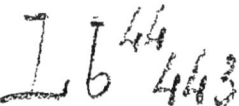

L'ESPRIT
DU GOUVERNEMENT
ANGLAIS,
OU

Son Système Politique et celui des Puissances de l'Europe, pendant deux siècles.

OUVRAGE IMPARTIAL,
UTILE A TOUS LES EUROPÉENS;

Dans lequel on donne une idée des Traités de WESTPHALIE, de WITTCHALL, de RISWICH, d'UTRECHT, de SÉVILLE, de VIENNE, d'AIX-LA-CHAPELLE, de VERSAILLES, de LÉOBEN *ou* CAMPO-FORMIO, de LUNÉVILLE et d'AMIENS; *plus*, celle du caractère pacifique des Souverains de la France, et de l'Astuce du Cabinet de Londres, depuis 1648, jusqu'en 1805 inclusivement.

Par M. LE COMTE,
Auteur du Mémorial de la Révolution de France et de plusieurs autres Ouvrages Littéraires.

A PARIS,
Chez VINÇARD, imprimeur-libraire, rue des Prêtres-St.-Séverin, N°. 4;
Et chez les principaux LIBRAIRES.

1806.

Lcomte *Vinçard*

AVIS PRÉLIMINAIRE.

ON a vu, et on voit tous les jours, soit par des notes ministérielles, soit dans les feuilles périodiques, la duplicité du gouvernement Anglais : mais, ces faits aussitôt oubliés que lûs, m'ont paru d'une assez grande importance, pour être réunis dans un seul volume : or, les classer dans un ordre méthodique, clair et précis ; les mettre sous les yeux des Français, et sous ceux des peuples de l'Europe, tel est le devoir que je me suis prescrit.

Le hasard a mis dans mes mains un Ouvrage imprimé en 1756. Sa couleur enfumée et ses feuilles rongées, tout sembloit le destiner aux flâmes et à l'oubli : mais, dans les circonstances actuelles, son titre parloit en sa faveur, il fixa mon attention ; je le parcourus, et le livre tout *bouquin* qu'il étoit, fut pour moi, un sujet de méditations.

En 1756, un DANOIS étoit irrité de la conduite de l'Angleterre envers la France : dans son cabinet, il passoit en revue les Puissances de l'Europe ; il calculoit l'ambition des unes, il considéroit la faiblesse et la pusillanimité des autres : il développoit les traits de perfidie du Cabinet de Londres, et ne prouvoit pas moins l'intérêt qu'avoient tous les Souverains, de se réunir, pour arrêter les progrès de la domination du Gouvernement Anglais.

Si dans quelques passages son style n'est pas très-pur, il nous offre, au moins, des faits qu'on ne peut révoquer en doute. Je me suis fait un devoir de respecter le corps de l'Ouvrage, et de n'y apporter aucune augmentation, ni restriction : je me suis borné, seulement, à des notes qui établissent la comparaison du système Anglais et celle des principes de la France.

Mais enfin, que disoit le POLITIQUE DANOIS (1) ? Il citoit une série de faits odieux, dirigés, ordonnés et exécutés par les Anglais, contre tous les Peuples de l'Europe.

Eh! nous Français, qu'avons-nous vû, sur-tout depuis quinze ans ? Nous ne pouvons qu'ajouter, au récit du POLITIQUE DANOIS ; nous ne pouvons que citer des nouveaux faits qui font frémir l'humanité, et que l'histoire recueillera pour les transmettre à la postérité la plus reculée.

Si ce volume offre la preuve du Machiavélisme anglais, il ne prouve

---

(1) Tel étoit le titre de l'ouvrage dont je parle.

pas moins la franchise et la loyauté des Souverains de la France.

On y voit qu'elle est celle des deux Puissances, qui, de tous les tems, a violé la foi des Traités ; on y voit l'ame pacifique de Louis XIV, au traité de Riswich ; on y voit les vains efforts que fit Louis XV, pour arrêter l'effusion du sang humain, pendant cette longue guerre surnommée *la guerre de sept ans* : on y voit enfin, la grandeur de NAPOLÉON Ier. son ame fière, magnanime et pacifique, pour arriver au Traité d'Amiens, et pour en empêcher la rupture.

Lorsque la France étoit *Monarchique*, le Cabinet de Londres avoit juré sa perte, en lui suscitant des guerres avec les Puissances du Continent.

Lorsque la France étoit *République*, le Cabinet Anglais armoit les Puissances de l'Europe, et combattoit, lui-même, pour le rétablissement de a Monarchie.

Lorsque la guerre sanglante de la Vendée, étoit organisée et soldée par l'Angleterre, le cri des Rébelles étoit Dieu et le roi.

Lorsque le Héros qui gouverne la France, fut envoyé du Ciel, pour retirer cet Empire de l'état anarchique où il étoit plongé, pour empêcher qu'il ne devint la proie des Etrangers : tandis que Bonaparte relevoit les Autels détruits par le Vandalisme, et qu'il rétablissoit les anciennes institutions pour la prospérité de l'Empire Français, le Roi d'Angleterre dédaignoit de reconnoître celui qui avoit reçu des mains de la Nation, le titre de Ier. Consul, et à cette époque Georges III et son Parlement disoient : *le Gouvernement Français n'offre pas une garantie suffisante pour traiter de la paix...* Cependant le Gouvernement Anglais reconnût le Ier. Consul, et sa Majesté

Britannique signa le Traité d'Amiens, quoiqu'ayant dans l'ame, le sentiment de guerre et de discorde.

Lorsqu'enfin, la France proclame EMPEREUR le héros qui prend des mesures pour assurer l'intégrité du territoire Français, la conservation des pays qu'il a conquis, ou celle des Provinces qui lui ont été cédées par des Traités authentiques, le Cabinet de Londres crie à l'*ambition du Gouvernement Français.*

Ainsi, la FRANCE Monarchique, LA FRANCE République, LA FRANCE Consulaire, LA FRANCE impériale, en un mot LA FRANCE, est donc l'objet qui a toujours fixé, et que fixe encore la cupidité de l'Angleterre.

L'Armée Française étoit encore au camp de Boulogne, lorsque cet Ouvrage fut mis sous presse ; mon intention étoit de lui en offrir le premier Exemplaire ; non pas pour animer le zèle que chacun de ses membres porte dans son cœur, contre l'Angleterre, mais pour la convaincre de la beauté de son entreprise, qui devoit affranchir les mers de la domination Anglaise. L'astuce du Cabinet de Vienne, soldé par l'Angleterre, l'Envahissement de la Bavière, la marche de corps nombreux Allemands et Russes, en Italie et sur le Rhin, ont obligé le Grand NAPOLÉON à lever son camp de Boulogne autant pour aller au secours de ses alliés, que pour défendre les frontières de la France et celles de l'Italie : le vol rapide des AIGLES de l'Empire Français vers le Rhin et le Danube, a donc arrêté l'exécution de mon projet : mais, un moment viendra, sans-doute, où les Souverains de l'Europe mieux éclairés, reviendront, entre eux, à des sentimens pacifiques, pour ne tourner leurs armes que contre un Gouvernement astucieux et dominateur qui ne s'enrichit, et ne se soutient qu'aux dépens du sang des Européens.

Alors, nos phalanges victorieuses verront dans cet Ouvrage, que leur plus cruel ennemi est le GOUVERNEMENT ANGLAIS.

L'ESPRIT
DU GOUVERNEMENT
ANGLAIS.

L'Angleterre cherche à masquer l'irrégularité de sa conduite, et la perfidie de ses procédés. Par les fausses déclamations qu'elle répand dans tous ses écrits, croit-elle en imposer à toute l'Europe, et faire tomber sur la France le reproche d'avoir troublé le repos général ? Sa conduite ne suffit-elle pas, pour donner de la méfiance sur tout ce qu'elle peut dire ? Suivons-la, et voyons si la France a pu, et si elle a voulu s'engager dans une guerre qui ne peut manquer de porter partout un embrâsement universel.

Le sort des Carthaginois dans la guerre de Sicile montre que l'humiliation suit de près l'orgueil ; et que ceux à qui leur puissance enfle trop le cœur, sont bientôt forcés de reconnoître leur foiblesse.

On ne peut pas douter que l'Europe ne soit

menacée d'une guerre qui peut déchirer la république générale, l'Anglais prétend que la France a porté les premières atteintes au dernier traité d'Aix-la-Chapelle, la France au contraire prétend que l'anglais a commis les premières hostilités ; voyons, s'il est possible, laquelle des deux nations a insulté l'autre la première (1).

---

(1) Le gouvernement anglais en a imposé à l'Europe entière après le traité d'Amiens comme après celui d'Aix-la-Chapelle. Il ne sera pas difficile de prouver qu'elle fut l'agresseur dans cette dernière guerre, mais reportons-nous d'abord à la fin de 1799 ; nous verrons Bonaparte prendre les rênes du gouvernement français, nous verrons le 18 Brumaire donner une nouvelle existence à la France : nous verrons, enfin, le Premier Consul écrire une lettre au Roi d'Angleterre pour faire cesser les calamités de la guerre. (Cette lettre porte la date du 5 nivose, an VIII, 26 décembre 1799.) Georges III ne daigna pas répondre au premier magistrat de la France ; ce fut le lord Grenville qui prit la plume du Roi, son maître, et ne montra pas de disposition en faveur de la paix. A cette époque, le noble lord, (dans une séance du parlement) déclare : « Qu'il est faux que l'Angleterre ait excité la
« coalition à attaquer la France, il cite pour preuves
« une lettre de crédit donnée par Louis XVI à M.
« de Talleyrand, en 1792, dans laquelle le Roi re-
« mercioit S. M. Britanique de n'avoir montré aucune

Par le traité d'Aix-la-Chapelle, on laissa quelques articles à décider, sur cette partie de l'Amérique, qui vient d'occasionner les premières semences de division; il avoit été convenu formellement par le traité, que les deux puissances nommeroient des commissaires, pour terminer tout à l'amiable; et convenir des bornes, pour assurer la possession à chaque souverain, dans cette partie du monde peu connue, pour ses limites, non seulement de l'Europe, mais, même des princes qui les possèdent; la volonté ou le caprice d'un géographe qui tire une ligne du Nord au Sud, ou de l'Est à l'Ouest peut donner des possessions idéales, au souverain qui lui paiera un peu plus cher, la carte qu'il a tracé.

Il n'est pas douteux que la France a cédé

« disposition à seconder les puissances qui tentoient
« de troubler la paix dont jouissoit alors son royaume. »
Mais en 1792, l'infortuné Louis XVI ne flottoit-il pas au sein des partis ? l'Angleterre n'avoit-elle pas accueilli les princes fugitifs et les émigrés de marque, peut-on croire à la véracité du discours du noble lord, ci-dessus énoncé ! les guinées d'Angleterre n'ont-elles pas été prodiguées en 1792, et au commencement de 1793 ! ! ! ... Tirons le rideau sur ces époques désastreuses ! ! !

l'Acadie à l'Angleterre, par le traité d'Utrecht en 1713; on voit par les articles IX, X et XII, en termes formels que la France cède purement et simplement la nouvelle Ecosse ou Acadie, avec toutes ses dépendances; la France a-t-elle prétendu se fermer les passages de la rivière St.-Laurent et du Fleuve de Mississipi? je ne crois pas que ce fut là l'esprit du traité; et l'Angleterre l'a si peu pensé qu'elle a resté des tems infinis sans rien demander sur cette partie; il est donc sûr que la France a dû regarder les courses que les anglais ont faites dans différens tems pour s'approprier quelque peu de commerce avec les sauvages, qui habitent cette partie de l'Amérique, comme des infractions aux traités ; et si l'Angleterre est de bonne foi, elle conviendra que pendant plus de vingt-cinq ans, après le traité, elle ne s'est pas portée dans toutes les différentes parties qu'elle veut regarder comme appartenant à l'Acadie ; cette puissance n'a commercé que par contrebande; cela doit suffire pour démontrer que les anglais avoient pris l'article du traité, suivant l'esprit de la puissance qui faisoit la cession.

Il est certain que les colonnies anglaises de cette partie de l'Amérique ont été, pendant des tems infinis, bornées par les montagnes des Apalaches : ils n'auroient jamais franchi ces remparts, qui paraissoient inaccessibles ; la nature avoit placé, ce me semble ces bornes, pour éviter toute division ; ces faits prouvent que l'Angleterre n'a passé ces barrières, que pour parvenir à faire tomber généralement tout le commerce des français.

De cette infraction naissent toutes les contestations qui sont entre la France et l'Angleterre. Les anglais ont bâti des forts, à mesure qu'ils ont poussé leur contrebande, pour assurer à leurs interlopes une facilité à recevoir les pelleteries des sauvages, et leur donner le moyen d'entreposer les marchandises qu'ils transportent pour les échanger. On a regardé ces premières tentatives avec un peu trop d'indifférence, ce qui a jeté les fondemens de l'ambition anglaise, qui a cru pouvoir aller en avant, et se faire un droit par la suite, de ce qui étoit réellement une usurpation.

Si la France n'avoit pas laissé subsister le fort d'Orange, bâti par les anglais en 1727, ils n'auroient jamais fait de secondes tentatives. Ce premier coup d'essai, de la part des anglais, fit une matière de négociation : les protestations des commandans français sont connues de toute l'Europe ; mais l'Europe sait aussi que des raisons d'état ont laissé en litige, jusqu'à la fin du traité d'Aix-la-Chapelle, ces possessions à décider ; il y a eu des commissaires nommés pour convenir à l'amiable des limites.

C'est là la convention du traité d'Aix-la-Chapelle qui avoit regardé ces îles comme litigieuses, et les avoit appelées îles neutres.

Pendant que les commissaires étoient occupés à convenir à l'amiable des possessions qui appartenoient légitimement à chaque souverain, les anglais ont entrepris de bâtir un fort sur la belle Rivière ; M. de St.-Pierre, commandant les troupes françaises, leur notifia qu'ils eussent à se retirer, et que toute entreprise sur les bords de cette rivière seroit regardée comme une infraction aux traités. Les anglais étoient venus en force : on doit penser qu'ils vouloient faire un établissement; on ne se porte pas avec un corps de trois ou quatre mille hommes, des outils et de l'artillerie sans quelque grand dessein, et toutes les précautions de cet attirail de guerre prouvent assez que les anglais étoient au moins persuadés qu'ils alloient faire une entreprise, qui ne pouvoit avoir d'autre droit que celui du plus fort.

Si l'Angleterre avoit cru, ou pu faire croire à l'Europe qu'elle établissoit un fort sur son terrein, au lieu d'envoyer un gros corps de troupes, elle n'eût envoyé que des travailleurs ; et si la France s'y étoit opposée, elle auroit été blamée de toutes les puissances, puisqu'il n'y a pas un article dans les traités qui impose la loi aux souverains de ne pouvoir pas bâtir des villes, des forts, ou des citadelles dans leurs possessions de l'Amérique.

L'Angleterre auroit peut-être souhaité, et il y a toute apparence, que les français repoussassent par la force leur première démarche ; ce prétexte si désiré leur ayant manqué, ils ont procédé à la construction d'un fort sur la rivière de Marenguelé. M. de Contrecœur, qui avoit relevé M. de St.-Pierre dans le commandement des troupes, apprit avec étonnement l'entreprise des Anglais ; il se contenta pourtant d'envoyer un officier de marque avec une lettre au commandant, le 16 avril 1754, par laquelle il l'invitoit de finir toute entreprise dans un pays où il commandoit, qui appartenoit au roi son maître ; le commandant anglais fit semblant de recevoir cette invitation comme M. de Contrecœur le désiroit, mais il fit travailler avec plus d'activité au fort de la Nécessité qu'il avoit commencé à quelque distance de la rivière de Marenguelé, sur la petite rivière qui s'y jette, ce qui obligea M. de Contrecœur de renvoyer, le 23 mai, M. Jumonville, officier français qui étoit sous ses ordres, avec une escorte de trente hommes seulement, pour notifier formellement au général anglais qu'il eut à cesser toute entreprise sur le territoire français, et de se retirer, sans aucun délai, sur les possessions appartenantes à l'Angleterre.

M. de Jumonville s'étant avancé avec son escorte pour présenter ses dépêches au commandant anglais, et lui notifier l'ordre qu'il lui avoit été donné, on tira sur lui et sur la troupe ; il fait rappeler : le feu cesse, on l'environne, et contre le droit des gens, il est fusillé ; il perd la vie avec sept à huit soldats de son escorte, le reste est détenu comme prisonnier de guerre. Un sauvage, échappé à la fureur des anglais, vient porter cette triste nouvelle à M. de Contrecœur, qui prend son parti, et fait marcher contre le commandant anglais, l'oblige à se retirer, et rase le fort qu'il avoit commencé.

L'indignation des sauvages fut la force réelle du commandant français. Ces peuples, quoique barbares, sentirent toute l'horreur du procédé anglais, et furent outrés de l'assassinat qui avoit été commis sous leurs yeux (1).

---

(1) On peut comparer ce trait de perfidie à l'affaire de Quiberon : le 23 juillet, 1795, l'Angleterre forme le projet de faire une descente sur les côtes de Bretagne, l'honneur de cette descente est décernée aux émigrés français qui doivent reconquérir leur patrie, avec le secours des anglais : ces fugitifs infortunés ne calculent pas les dangers auxquels ils s'exposent, ils se doutent encore moins du piège que leur tend ce gouvernement perfide, sous le voile de l'amitié et de l'hospitalité ; à peine sont-ils aux prises avec les républicains, qu'ils sont abandonnés par ceux qui avoient juré de les soutenir, de les défendre, et de partager leur péril et leur gloire. A cette époque, un décret de la convention nationale punissoit de mort les émigrés, *pris les armes à la main*. Le gouvernement anglais connoissoit bien cette loi sanguinaire, et il étoit bien convaincu que ceux des émigrés qui échapperoient au combat naval, ne pourroient éviter la mort. En effet, un grand nombre périt dans l'action, et les prisonniers furent fusillés. Or, le cabinet de Londres dans cette cruelle opération s'est débarassé de ceux auxquels ils promettoit secours et assistance, et il a privé la marine française d'un

Dans quel pays du monde policé pourra-t-on excuser la conduite du commandant anglais ? Sa nation et ses gouverneurs n'ont pas désavoué sa démarche ; ils ont même gardé les malheureux soldats qui furent pris dans ce détachement comme prisonniers de guerre ; le roi d'Angleterre n'a pas puni un attentat, qui révolte tout homme qui pense, et quelle couleur peut-on donner à la démarche du général anglais, et à la conduite de toute la nation après un pareil attentat, quelque envie qu'on ait de regarder de bon œil toute entreprise de l'Angleterre, et d'y donner, s'il est possible, quelque lueur de vraisemblance ?

Le commandant anglais ne peut pas dire que M. de Jumonville venoit pour l'attaquer ; trente hommes aux ordres d'un officier, envoyés à une armée, ne peuvent être regardés, ni réputés que comme des gens qui viennent faire

---

grand nombre d'officiers distingués qui seroient sans doute rentrés en France, parce que le héros qui gouverne sait apprécier les hommes à talens de toutes les opinions et dans tous les états. Vaincre son ennemi, sont les lois de la guerre ; mais ces lois ont-elles jamais autorisé une telle ruse, et une telle duplicité ? nous en appelons, à cet égard, à toutes les nations civilisées.

des propositions ; si le commandant anglais ne vouloit pas qu'on vit ses dispositions, ni le fort qu'il faisoit bâtir derrière lui, les lois de la guerre l'autorisoient à faire arrêter, à une certaine distance de son camp, la troupe qui escortoit l'officier français; ou il reçoit l'officier Français dans son camp, en prenant les précautions qu'il juge convenables pour sa sûreté; ou il envoit un officier de même grade, recevoir les dépêches de l'envoyé. Des officiers chargés de pareilles commissions, ont toujours été reputés des personnes sacrées, chez les peuples les plus féroces et les plus barbares.

Nous autres danois, qui pesons scrupuleusement les actions des hommes, nous regardons l'impunité du commandant anglais, comme un aveu de toute la nation, et nous craignons que l'Angleterre ne veuille faire sentir avec trop de hauteur à la république générale de l'Europe, ce que sa puissance peut et que son orgeuil veut, vis-à-vis de tous ses voisins.

Tous les détails des hostilités qui ont suivi cette première démarche, sont trop bien peints par un observateur hollandais, pour qu'on entre ici dans cette suite d'événemens qui ont suivi de près, l'assassinat de l'officier français.

La France envoie des troupes en Canada, pour défendre et conserver les pays qui sont sous sa domination, elle embarque ses troupes sur des vaisseaux armés en flûtes; si elle avoit voulu entreprendre quelque chose contre les anglais, ses vaisseaux auroient tous été armés en guerre; cette puissance ne vouloit donc que porter des troupes en Amérique, et n'avoit aucune envie de commettre des hostilités.

L'Angleterre met une escadre en mer, et fait suivre celle de France; elle est armée plus fortement que l'Angleterre ne les arme ordinairement dans la guerre la plus vive, il est donc démontré que l'Angleterre avoit formé le dessein d'insulter le pavillon français.

Peut-on se persuader que deux vaisseaux attaquent une escadre pour avoir le plaisir de donner un combat, non-seulement désavantageux par le nombre de quatre contre un, mais qui auroit été puni par le souverain? Le monarque français ordonne que ses sujets ne prennent jamais sur eux des hostilités qui ne leur ont pas été confiées. Ainsi, que l'Anglais cesse de vouloir persuader que le Français a allumé le flambeau de la guerre.

Il n'est pas facile de faire revenir toutes

les puissances de l'Europe de l'idée dont on la berce depuis soixante ans que la France en veut à la monarchie universelle ; cette nation française a jalousé pendant bien long-tems tous ses voisins, on connoît les soins de l'Angleterre à vouloir persuader que la France ambitionnoit plus qu'elle ne pouvoit. Si dans des tems et des circonstances qui ont paru favorables à la France, elle a poussé ses conquêtes trop loin ; et qu'elle ait donné trop d'inquiétude à la république générale de l'Europe, qu'on jette les yeux sur tous les différens traités, on trouvera que dans des tems heureux, cette même puissance s'est toujours prêtée à donner la paix souvent même aux dépens de ses intérêts.

L'Angleterre n'auroit-elle pas des vues sur cette monarchie universelle ? Sa conduite semble ne nous laisser aucun doute sur son ambition, elle allume le flambeau de la guerre par des hostilités qui blessent toutes les puissances ; un député du parlement d'Angleterre ouvre son discours, dans cette assemblée qui représente la nation en corps, par ces propres mots : *on ne doit pas tirer un coup de canon dans aucune partie du monde sur la mer, sans la permission de la Grande-Bretagne.*

Les Romains parvenus à l'empire de tout le monde connu, n'auroient pas osé dans leur sénat, avancer un propos si hasardé.

A un discours aussi hardi : on bat des mains, on applaudit à Londres à l'éloquence de l'orateur ; à quoi peuvent s'attendre toutes les puissances de l'Europe, si l'orgueil anglais n'est pas réprimé ?

Un pareil discours, prononcé dans un parlement d'Angleterre, insulte toute l'Europe (1).

―――――

(1) Qu'importe à l'Angleterre d'insulter toute l'Europe, si l'Europe veut bien rester sous le joug des anglais ! leur sentiment de domination est connu, mais l'Angleterre ne se contente pas d'exercer ses pirateries sur toutes les mers, elle insulte encore ses voisins, par des propos indécens ; on a entendu un duc de Clarence dire en plein parlement, le 23 Mai 1803. « Je « desire voir la nation française, employer les vastes « ressources qu'elle a dans son sein, pour convaincre « ce puissant Consul que nous sommes capables de « nous montrer seuls contre la France, et contre tous « ceux qui se joindront à elle : je desire voir la grande « Bretagne *chatier* la France, et ce n'est pas la première « fois que nous l'aurions fait ».

Honneur au gouverment anglais qui veut *châtier la France* ! sans doute par des exploits semblable à celui du 16 avril, 1734, sur la rivière de Marenguelé ; à ceux, du mois de septembre 1793, à Ostende... Du

Car enfin, quelles sont les armes dont l'Angleterre s'est servie jusqu'à ce jour, pour tâcher d'opprimer la France ? elle a crié dans toutes les cours aux armes ; la France eu veut à la monarchie universelle, ç'a toujours été son cheval de bataille, qui a très-bien réussi, en suscitant des guerres générales dans certains tems, et dans d'autres de particulières ; nous l'avons vue toujours attentive à la rendre suspecte à tous ses voisins : négociations, de l'or, des promesses, tout a été

---

23 juillet 1795, à Quiberon... et 8 octobre 1799, au Helder en Hollande. Il ne faut consulter à cet égard, que *l'incomparable* duc d'Yorck... Mais voyons ce qui avoit échauffé la bile du duc de Clarence ; c'étoit le discours d'un orateur du gouvernement français, qui, donnant en l'an XI (1803), l'état de situation de la France au corps législatif, vantoit le génie guerrier et pacifique du premier Consul, et démontrant le besoin de la paix qu'avoient toutes les puissances de l'Europe, il dit que l'*Angleterre seule ne pouvoit lutter contre la France.* Voilà un grief bien grand et bien digne de soulever tout le parlement d'Angleterre contre le gouvernement français ! ! et en effet, que feroit l'Angleterre contre la France, si ses agens corrupteurs ne parcourroient pas l'Europe, pour semer des guinées et former des coalitions, et méditant le crime, sous diverses couleurs ?

mis en usage tour-à-tour depuis un siècle, pour ne pas remonter plus loin. La politique de l'Angleterre, vis-à-vis de la France, a presque toujours été la même, et si elle a eu quelqu'autre conduite, elle n'a été que passagère, et on verra dans la suite de cet ouvrage, que la vue de son aggrandissement l'a faite sortir de son système.

Quelles sont les raisons qui, avant qu'on pensât à aucune hostilité, ont obligé l'Angleterre de s'assurer de soixante mille Russes qu'elle a pris à sa solde? Toutes les troupes qu'elle a acheté d'avance dans le corps germanique, prouvent que les Anglais vouloient insulter la France, et tâcher d'engager une guerre générale dans l'Europe; il ne nous reste aucun doute que s'ils n'ont suivi dans leurs pirateries aucune formalité de déclaration de guerre, c'est dans la vue de pouvoir persuader que les Français étoient les aggresseurs (1).

---

(1) « *Qu'elles sont les armes dont l'Angleterre* « *s'est servie jusqu'à ce jour pour tâcher d'opprimer* « *la France*, s'écrit *le politique danois*.... De nos jours, sont les guinées, la perfidie, les poignards, les machines infernalles, etc., et avec ces secours odieux, l'Angleterre crie contre l'ambition de la France, ligue

Si

Si les Français avoient voulu s'engager dans une guerre, auroient-ils débuté par laisser prendre deux ou trois cens de leurs vaisseaux, et sept à huit mille matelots ? Cette politique, qui n'auroit pas été connue en Europe, porteroit un air de nouveauté, qui auroit peu d'imitateurs.

Un Danois qui ne connoît pas la fine politique, mais qui voit ce que le bon sens dicte, croit fermement que les Anglais ont pris ombrage de quelques vaisseaux que la France faisoit construire ; et comme leur politique est saine, il leur paroît plus facile d'anéantir cette marine dans sa naissance, que d'attendre qu'elle soit formée.

L'Anglais n'a pas tort, puisqu'il veut à quel prix que ce soit être le maître de la mer, il ne doit pas laisser former une marine en France, c'est la seule puissance qui pourroit en se joignant avec ses voisins, balancer cet empire que l'Anglais veut avoir envers, et contre tous.

Les précautions que l'Angleterre a prises, d'a-

---

contre elle les puissances de l'Europe afin, d'entretenir la discorde sur le continent pour conserver et augmenter sa domination sur toutes les mers.

voir, avant aucune rupture, cent mille hommes à sa solde, la façon avec laquelle elle s'est conduite dans les premières hostilités, prouvent deux choses; l'une, que cette puissance avoit médité depuis long-tems une guerre générale : on ne paye pas des troupes dont on ne croit pas avoir besoin. Cette précaution ne touche, ce me semble, que la France, en la regardant avec indifférence, mais toute l'Europe s'y trouve menacée.

La seconde raison, qui est celle de faire la guerre en pirate, blesse la liberté générale de l'Europe; l'Anglais a voulu par cette démarche hardie, trop faire sentir sa puissance à tous ses voisins, on ne peut donner aucune couleur favorable à la conduite qui a été tenue et avouée par la nation, puisque le parlement n'a pas fait restituer les vaisseaux qui avoient été pris.

Suivons un peu l'Angleterre, et nous la trouverons par tout insultant également ses amis comme ses ennemis, lorsqu'il est question du commerce ou de son aggrandissement, ou pour dominer sur les mers.

Nous devons aussi examiner scrupuleusement l'état de la France, et chercher quelles peuvent être ses vues; on verra si elles tendent à donner des fers à l'Europe, ou si elles travaille à maintenir sa liberté (1).

---

(1) La France victorieuse par-tout, n'a-t-elle pas donné des preuves de sa modération : les armes françaises aux portes de Vienne, tant en Allemagne qu'en Italie, n'ont-elles pas pris le faisceau de la paix ? Le héros qui gouverne a-t-il voulu garder tous les pays conquis ? L'Empereur d'Allemagne n'a-t-il pas obtenu ses possessions envahies par la bravoure du soldat français, et ne possède-t-il pas Venise et ses dépendances ? Bonaparte n'a-t-il pas formé de la Toscane le royaume d'Etrurie ? et du reste de ses conquêtes, le royaume d'Italie ? N'a-t-il pas respecté Naples et la cour de Rome qu'il avoit conquis et qu'il pouvoit garder : mais Bonaparte, s'écrie l'Angleterre, a gardé la forteresse de *Luxembourg*, la *Belgique*, et le *Palatinat* ; la *Savoie*, le *Piémont* et *Génes* ; il a donné la petite république de *Lucques* à un prince de sa maison ; il s'est fait nommer Roi d'Italie ; il gouverne par son influence, le royaume d'Etrurie, la cour de Rome, celle de Naples, la Hollande et la Suisse, donc la puissance de Bonaparte est un colosse inataquable, qui doit inquiéter l'Europe.

Répondons à cet argument :

L'Empereur des français fut-il aussi puissant qu'on nous le dit aujourd'hui, sa puissance n'équivaudroit pas encore la domination de l'Angleterre sur toutes les mers : mais, que le gouvernement anglais montre des sentimens pacifiques, il verra bientôt à quoi se bornent les prétentions de Napoléon Ier. *L'Océan*, le *Rhin*, les

Pyrennées et les *Alpes*, voilà les limites naturelles de l'empire français, et il ne faut pas moins que de telles limites à la France pour conserver sa liberté et son indépendance.

Napoléon, dit-on, *possède Gênes*, il ne faut pas moins qu'un port de cette espèce pour assurer la paix dans ses états d'Italie : hélas ! reportons-nous en 1799, (an VIII) ces belles contrées d'Italie ne furent-elles pas le théâtre d'une guerre sanglante par la foiblesse du gouvernement français, (*le directoire*) qui ne sut pas faire respecter le traité de *Campo-Formio* ; mais que viennent faire ces légions russes à Corfou ? le nombre fixé par le traité d'Amiens n'a-t-il pas été augmenté considérablement ? quoi l'Empereur des français voit de toutes part ce traité violé, il voit des légions étrangères entourer ses états, et il ne pourroit avoir quelques places fortes pour se défendre !.. Sans doute, Gênes ne peut être qu'une compensation des intentions hostiles de la Russie dans la république des Sept-Isles ; *mais Napoléon est roi d'Italie* : la déclaration de ce héros est formelle ; il ne conservera sur sa tête la couronne des Lombards, que jusqu'au moment où la paix ne pourra plus être troublée dans les pays conquis, et que l'Europe sera dans une sécurité parfaite : (avis aux puissances du Continent ! ! !)

Mais Napoléon a formé du Piémont une division de la France : d'abord le roi de Sardaigne a cédé le le Piémont à la France par un acte authentique en date

la puissance de la France paroissoient justes, et raisonnables ; mais depuis que l'Anglais a

---

du 10 novembre 1798, pour se retirer en Sardaigne et y vivre en paix. A cette époque Napoléon ne gouvernoit pas l'empire français, il a donc trouvé le Piémont réuni à la France, donc, ce n'est pas lui qui a dépouillé le roi de Sardaigne ; mais au traité d'Amiens, il fut question de ce souverain : la France proposa à l'Angleterre de laisser l'île de Ceylan aux Hollandais, et qu'elle prendroit tels arrangemens qu'on désireroit en faveur du roi de Sardaigne : l'Angleterre qui veut tout prendre et ne rien rendre, n'entendit pas une telle proposition, et S. M. Sarde fut abandonnée par le gouvernement anglais qui ne prenoit une part active à son sort, qu'autant qu'il ne lui en couteroit rien.

Enfin les limites naturelles de l'empire français, sont fixées ; l'Empereur Napoléon n'a pas besoin de conquérir pour établir sa gloire et sa puissance. L'intérêt des souverains de l'Europe est de maintenir irrévocablement la paix du Continent, et d'arrêter l'ambition bien prononcée du cabinet de Londres sur toutes les mers.

Au surplus, je partage bien l'opinion d'un littérateur qui disoit : « on a partagé la Pologne, il a fallu que
« la France eut la Belgique et la rive du Rhin. On
« s'est emparé de la Crimée, du Caucase, de l'em-
« bouchure du Phase, etc. ; il faut que la France ait
« un épuivalent en Europe : l'intérêt de sa propre con-
« servation l'exige.

jeté les fondemens d'une puissance maritime, que nul autre ne peut balancer, l'Europe doit ouvrir les yeux, et craindre avec raison que l'ambition anglaise, ne porte ses vues au-delà du système de l'équilibre.

Peut-on se persuader que les dépenses que l'Angleterre fait, lesquelles nous sont très-bien connues, soient sacrifiées au maintien de la liberté du corps de la république commune ? J'entends un cri général qui dit : non, et qui

---

« Veut-on un congrès de l'Europe ? eh bien ! que
« chaque puissance mette à la disposition de ce con-
« grés, ce qu'elle a envahis depuis cinquante ans ;
« qu'on rétablisse la POLOGNE, qu'on rende VENISE
« au sénat ; la TRINITÉ à l'Espagne ; CEYLAN à la
« Hollande ; la CRIMÉE à la Porte ; que la Russie re-
« nonce au PHASE et au BOSPHORE ; qu'elle restitue le
« CAUCASE et la GEORGIE ; que la PERSE ne soit plus
« opprimée ; que l'empire des Murates et de Myssouc
« soit rétabli, ou ne soit plus l'excessive propriété
« de l'Angleterre, la France, alors, pourra rentrer
« dans ses anciennes limites, et ce ne sera pas elle qui
« y perdra davantage. D'où viennent donc ces cris
« forcenés, ces provocations à une croisade contre une
« puissance qui, depuis cinquante ans a moins profité
« qu'aucune autre des vicissitudes des états et des
« changemens du monde : qui, constamment victo-
« rieuse n'a retenu de ses conquêtes, que ce qui étoit
« nécessaire à une juste compensation ! !! ».

m'assure que l'Angleterre veut donner des fers à tous ses voisins.

En effet, si l'Angleterre parvenoit à empêcher la France d'avoir une marine. Et (ne conviendra-t-on pas de bonne foi que l'Anglais est parvenu à ce point si desiré, qui est la domination des mers ?) si donc cette domination étoit une fois bien établie, il seroient les maîtres absolus de toutes les branches du commerce, et nulle puissance ne pourroit, sans leur permission, naviguer sur aucune mer, qu'à la faveur de la grace qui lui seroit accordée par la nation anglaise.

Alors on conviendroit que le discours du député du parlement d'Angleterre, a été le discours d'un grand politique, et qu'il avoit prévu, en faisant cette belle harangue à la nation, *que la puissance britanique ne laisseroit pas tirer un coup de canon sur les mers, sans sa permission,* dans la révolution d'un demi siècle.

Voilà pourtant à quoi tendent les démarches hardies de la Grande-Bretagne ; sa conduite en allumant le flambeau de la guerre annonce son ambition sans bornes. Si cette puissance avoit été contente de jouir paisiblement de ses possessions, n'auroit-elle pas attendu que les différens qui étoient en litige entre elle et la France, fussent terminés à l'amiable, par les commissaires qui avoient été nommés ?

Je dis plus, je veux que la France ait attaqué en Amérique, le pavillon anglais, ce qui n'est ni vraisemblable, ni croyable. Cette Nation seroit-elle autorisée à insulter le pavillon français dans la partie de l'Europe sans déclaration de guerre, ni sans aucune rupture ? Est-ce que l'Angleterre ne doit aucuns égards à la république générale de l'Europe ? Elle insulte cette masse qu'elle doit respecter.

Le droit de la force ne doit pas se faire sentir avec autant d'arrogance : tous les états se trouvent blessés par la conduite anglaise ; il est des lois sacrées pour les hostilités, les peuples les plus barbares les ont observées, pourquoi est-ce que l'Angleterre les perd de vue, et les foule au pied ? L'orgueil aveugle les hommes, et l'angleterre a cru que sa puissance la mettroit à l'abri de toute critique.

Nous mettrons cent vaisseaux de ligne en mer, qui osera branler? C'est là le discours ordinaire de l'Angleterre ; et par un aveuglement funeste, cette nation se conduit comme si elle étoit réellement parvenue à ce degré de puissance qui peut en imposer à tous ses voisins.

C'est une science bien nécessaire, qu'une connoissance exacte de ses propres forces, et c'en est une plus grande que celle de ne s'en servir que pour la conservation de sa liberté, de son commerce, et l'employer à propos pour protéger les foibles contre la tyrannie du plus fort

Une puissance qui se conduiroit suivant ces principes, peut s'attirer une très-grande considération de tous ses voisins, mais celui qui a le pouvoir en main, et qui veut trop se faire craindre, risque de s'attirer la jalousie de tous ceux qui l'environnent, et par une conséquence juste, il doit perdre sa puissance dans la révolution d'un siècle. Les hommes en général veulent des amis, mais on ne s'accoutume pas à avoir des maîtres.

Si l'Angleterre n'avoit voulu prêter ses bons offices que pour conserver la tranquillité et l'égalité des puissances de l'Europe, elle auroit joui à perpétuité de la plus haute considération.

En effet, examinons l'Angleterre dans toute sa puissance, et nous verrons qu'il ne lui restoit rien à désirer, si elle n'avoit porté ses vues, au-delà de la liberté du commerce, et de la tranquillité de l'Europe.

L'Angleterre jouit, comme puissance maritime et commerçante, de toutes les richesses qui nous sont connues; nulle puissance ne la trouble dans aucune des branches de son commerce, ni dans aucune de ses possessions; elle a un sol qui vaut mieux pour les richesses que les mines du Bresil et du Perou, l'avantage de la pêche lui produit des revenus immenses, lesquels revenus sont partagés, dans toutes les parties de l'état, par le nombre d'habitans qui sont occupés toutes les années aux différentes pêches. Toutes les puissances de l'Europe contribuent, par leur consommation, à l'entretien de ses sujets; le commerce leur forme un nombre infini d'excellens matelots.

Voilà donc un article qui étend ses contributions sur l'Espagne, la France, l'Allemagne, et sur toute l'Italie; l'argent passe en Angleterre, et y forme des matelots.

L'exportation du blé de toutes les espèces, est un objet si considérable, qu'à peine peut-on croire qu'un royaume comme l'Angleterre puisse en fournir en si grande quantité à ses voisins.

On est étonné du nombre de compagnies qui

sont établies dans la Grande-Bretagne pour leurs différens commerces : nous connoissons la compagnie de la Baye de Hudson, la compagnie d'Afrique, la compagnie des Indes orientales, la compagnie de la mer du sud, la compagnie du levant ou de Turquie ; ainsi cinq compagnies, établies en Angleterre, embrassent le commerce général de l'Europe : voit-on quelque puissance qui ait troublé ces compagnies dans aucune de leurs branches de commerce ? y avoit-il quelqu'altération dans les transports de leurs marchandises ? on conviendra que non.

L'esprit de la nation anglaise est donc enclin à d'autres vues ? C'est la domination des mers ; que l'Europe ne s'y trompe pas, la Grande-Bretagne veut donner la loi à tous ses voisins ; ici le masque tombe, elle se montre à découvert, et son orgueil lui a fait croire que le moment est arrivé, où elle pouvoit donner des fers à la République générale de l'Europe.

L'Angleterre fournissoit à la France et à l'Allemagne plus de quatre-vingt mille boucauds de tabac en feuille chaque année, objet des plus considérables ; il passe quinze millions pour la rentrée des fonds ; si l'on joint à ce capital, ce qui revient pour l'armement des vaisseaux employés à cette branche de commerce, on trouvera une somme très-considérable, qui sort chaque année de la France, et du Corps Germanique.

Quelle quantité de bœuf salé, de beurre, de fromage, la France ne recevoit-elle pas continuellement de l'Angleterre? ses armateurs ne connoissoient pas d'autre route que celle d'Irlande, pour acheter toutes les subsistances de leurs équipages.

L'anglais fournissoit au royaume de Portugal généralement tout ce qui lui étoit nécessaire pour la vie, pour le luxe, et pour l'habillement; l'anglais jouissoit donc en entier de tout l'or du Bresil; son industrie et son habileté lui a valu d'abord tous ces grands avantages : il seroit difficile au Portugal de changer son système d'administration, à moins que le dernier malheur qui vient d'arriver dans ce royaume n'eut brisé le nœud qui les tenoit attaché à la Grande-Bretagne. Il sera dit quelque chose, à l'article du Portugal, des raisons qu'il auroit de se soustraire à la domination anglaise.

L'article des bleds de toute espèce qui sort chaque année de la Grande-Bretagne est si considérable, qu'à peine peut-on croire une vérité qui ne sauroit être contestée, puisqu'on n'a qu'à jeter les yeux sur les gratifications accordées pour l'exportation ; sagesse admirable de la part de l'Angleterre, qui fait connoître à chaque puissance, l'intérêt qu'elle auroit de pouvoir se passer d'aller chercher chez son voisin la première chose qui est nécessaire pour sa subsistance, il y a de quoi frémir en portant les yeux sur l'article des bleds pris par la France dans le royaume d'Angleterre, depuis un demi siècle ; on trouve que la France a reçu pour huit cents millions de bled dans l'espace de cinquante ans, somme exhorbitante qui auroit ruiné toute autre puissance : les années seulement de 1746, 1747, 1748, 1749 et 1750, ont couté à la France cent quatre-vingt millions, qui ont passé dans les Isles Britanniques, sans que la France ait rien de reversible pour son avantage ; puisque l'Angleterre en a fait tout le transport par ses vaisseaux et ses équipages.

Cette loi de la Grande-Bretagne de ne souffrir l'exportation de ses grains chez l'étranger qui donne son argent, que par ses vaisseaux, dont les deux tiers de l'équipage doit être de nationaux, est une politique qui porte coup à tous ceux qui sont forcés d'avoir recours à leurs greniers, comme il est rare qu'une puissance s'aille pourvoir de grains chez un autre peuple que dans les derniers besoins, celui qui est dans la nécessité se trouve toujours forcé de subir la loi de la puissance qui donne.

On ne doit pas croire que la Grande-Bretagne ait toujours fourni son bled à la France par amitié, et dans la vue de l'obliger : l'Anglais a mieux combiné, il a trouvé trois avantages bien sensibles et bien démontrés, dans sa facilité à donner toujours des secours prompts en grains à la France ; le premier, les grosses sommes d'argent qui sortent du royaume de France, pour la subsistance de ses sujets; le second, la consommation de ses grains, ce qui est un grand aiguillon pour animer les peuples de la Grande-Bretagne à l'agriculture ; et le troisième et le plus considérable à mon avis, c'est d'entretenir la France dans la négligence de son agriculture. Si ce royaume avoit trouvé des difficultés insurmontables pour avoir des grains pour sa subsistance, il y a long-tems que son agriculture seroit au même degré que celle d'Angleterre, et sa marine auroit été soutenue dans un degré de puissance qui l'auroit mise en état d'aller chercher des grains dans les pays lointains, quand le malheur des mauvaises récoltes l'auroit mise dans le cas d'avoir recours aux greniers étrangers.

Quelle quantité de vaisseaux employés dans la Grande-Bretagne pour toutes les différentes branches de leur commerce ; les mines de de charbon, l'exportation des bleds, la pêche du poisson, ces trois articles seulement leur entretiennent une navigation de cabotage de plus de douze mille vaisseaux par année, quel nombre de matelots sont employés pour le commerce extérieur que cette puissance fait dans les quatre parties du monde ; cette école pour élever des matelots leur donne un avantage bien réel, pour mettre promptement de grosses armées navales en mer, avantage qui doit faire ouvrir les yeux à toutes les puissances qui peuvent être asservies par la Grande-Bretagne.

Il faut nécessairement que la puissance la plus maritime, devienne la puissance la plus commerçante, et par une conséquence juste, la plus redoutable.

L'Angleterre trouve dans son sol des productions qui feroient la richesse d'un état, quand il n'auroit pas d'autres ressources ; du bled en abondance, des mines de charbon, de plomb, d'étain, de fer, de cuivre, d'excellens paturages, beaucoup de bestiaux, des manufactures bien établies, beaucoup d'artisans pour le travail des mines, de la terre, et des manufactures, des lois sages qui animent toutes ces industries ; l'Angleterre est donc un royaume puissant, sa situation le met à l'abri de toute insulte, lorsqu'il ne voudra pas porter ses vues au-delà de son pouvoir, mais si l'Angleterre veut trop, elle entreprendra comme nous l'avons déja vu, depuis longtems, de dicter des lois à tous ses voisins; les siennes seront sages, si elles se bornent à faire jouir paisiblement la nation des richesses et des avantages que la nature lui a donnés.

Le tableau que je viens de faire de la Grande-Bretagne, n'est pas un portrait flaté, il est exact. Conséquemment, la Grande-Bretagne a entre ses mains des avantages très-considérables, et si elle s'en sert à propos, et avec modération, elle doit avoir l'estime et la considération de tous ses voisins, et son amitié et son alliance sera recherchée avec empressement.

J'entends une voix générale qui demande; qu'a fait la Grande-Bretagne de tout l'argent qui est entré dans son royaume depuis un siècle ? des richesses si immenses doivent faire craindre toute l'Europe ; s'il est vrai qu'elle a eu tout l'or du Bresil depuis cinquante ans, la

principale

principale partie des richesses du Mexique et du Pérou, tout l'or et l'argent qu'elle a retirés de ses voisins pour les denrées qu'elle leur a fournies ; la matière d'espèces monoyées doit être commune en Angleterre, et elle doit être regardée comme la puissance la plus riche ; on sait à n'en pouvoir douter, que la Grande-Bretagne doit plus de trois milliards de livres tournois ; il y a donc contradiction dans sa puissance et dans ses ressources : on assure que rien n'est contredit, et que l'Angleterre a reçu tout l'or du Bresil, les principales richesses du Mexique et du Pérou, par son commerce et son industrie, enfin, qu'elle a fourni des bleds suivant le tableau et les sommes indiquées.

On croira peut-être qu'une mauvaise administration a dérangé ses finances ; cela ne paroît guère possible, puisque la nation régit par elle-même, et qu'elle dispose des fonds à la pluralité des voix, à l'assemblée de son parlement. Le mot de l'énigme est trouvé : l'ambition absorbe toutes les richesses de la Grande-Bretagne ; cette puissance orgueilleuse a cru pouvoir donner des fers à tous ses voisins ; elle a voulu dominer, et rien ne lui a paru trop cher pour parvenir à l'empire des mers : c'est l'écueil de toutes les puissances maritime, qui ont l'or et l'argent en abondance, par l'industrie de leur commerce ; elles veulent anéantir tout ce qui les environne : Carthage avoit dans ses ports beaucoup de vaisseaux, achetoit des troupes mercenaires, pour faire la guerre à tous ceux qui s'opposoient à ses volontés ; Carthage insulta la république romaine impunément pendant longtems ; Carthage finit par être subjuguée et anéantie par les armées romaines (1).

Il est bien difficile qu'une puissance, toute formidable qu'elle soit, puisse donner la loi à la masse générale du monde connu ; l'esprit de vertige nous fait voir possible ce qui n'est pas seulement vraisemblable : on trompe pendant quelque tems ses voisins, sous cette apparence de modération qui persuade que toutes nos démarches sont pour la liberté générale, et pour établir l'équilibre, mais l'orgueil qui nous fait toujours garder une conduite irrégulière, découvre que nos intentions tendent à notre agrandissement et rarement au bien public.

---

(1) Que peut-on ajouter à cette prédiction ? que le tems n'est pas éloigné où l'Angleterre subira, sans doute, le sort de Carthage ; malgré ses vaisseaux qui pillent journellement, et malgré l'or qu'elle répand pour corrompre les cabinets de l'Europe.

L'Angleterre n'a cessé de dire : notre politique, ne nous permet pas de nous aggrandir : les mers sont nos remparts, les vaisseaux nos forteresses offensives et défensives ; ce que nous prenons en Amérique, sont des acquisitions de commerce ; Gibraltar et Port-Mahon, pris sur les espagnols, doivent être regardés comme des places de convenance qui nous étoient nécessaires pour le commerce du levant : voilà le langage, mot pour mot, que l'Angleterre tient ; et malheureusement pour la république générale de l'Europe, il se trouvera beaucoup de possessions qui seront nécessaires à leur commerce, et beaucoup de places, qui leur seront utiles pour en établir d'autres branches.

Hélas ! si cette conduite n'est pas celle d'une puissance qui s'est fait une politique de tout asservir, les règles sont fausses, et l'Angleterre doit être regardée comme la puissance la plus désintéressée ; si elle a sacrifié tout son or et tout son argent pour le bien général de la république de l'Europe ; c'est d'autant plus beau, que c'est la nation en corps qui dirige la politique de l'état, et qui sacrifie toutes ses richesses pour le bien public. La Grande-Bretagne ne peut avoir en entier le commerce de toutes les parties du monde, que pour faire des libéralités.

L'Anglais dit : nous ne permettrons pas que la France mette une marine sur pied ; nous tiendrons la Hollande dans son abaissement, l'Espagne dans son état de foiblesse; nous accorderons notre protection à tous ceux qui seront menacés d'être opprimés. Ce langage est connu par les écrits publics, avoués, et applaudis par la nation anglaise ; si cela ne ressemble pas à la tirannie, toute observation est fausse.

Mais si c'est là l'esprit de la nation anglaise, on ne doit pas être surpris que cette puissance soit toujours empressée d'allumer le flambeau de la guerre ; d'ailleurs, sa conduite, prenant de troupes à sa solde, ne nous laisse plus aucun doute sur son ambition; l'Angleterre a donc commis les premières hostilités, mais ce qu'elle a fait, et ce qui paroîtra toujours nouveau dans la postérité, ce sont ses pirateries qui n'ont aucun exemple chez des peuples policés.

Toute l'Europe est offensée dans l'insulte faite au pavillon français; la conduite anglaise vis-à-vis des français, est sans exemple : leurs pirateries ont fait voir que les corsaires d'Affrique ne sont que des apprentis. Oui, Alger,

Tunis, Maroc, sont autant de mauvaises écoles pour les pirates; il faut qu'ils aillent s'instruire dans la Grande-Bretagne. Cette nation qui veut dans la politique comme dans les sciences, surpasser toutes les autres, a voulu donner à l'Affricain une leçon de barbarie, et une nouvelle façon de faire la guerre.

On n'entreprendra pas ici de décider laquelle des deux nations, de la France ou de l'Angleterre, a allumé le flambeau de la guerre, c'est au public de juger laquelle des deux avoit le plus d'intérêt de conserver la paix. La position où se trouvent ces deux puissances, mettra tout homme de bon sens, en état de décider laquelle des deux puissances a commis les premières hostilités, et violé par cet attentat, le traité d'Aix-la-Chapelle.

Le vulgaire suppose toujours, (et s'en rapporte souvent à celui qui crie le plus fort) que les puissances qui s'engagent dans une guerre, ont des vues d'agrandissement : ainsi celui qui attaque a donc le premier tort, puisqu'il porte ses vues à étendre sa puissance, et il ne peut l'étendre sans déranger l'harmonie, qui doit nécessairement régner, pour le soutien de l'équilibre; il s'agit donc d'examiner scrupuleusement la situation de la France, dans ce moment présent, et découvrir s'il est possible, s'il se trouvoit quelque avantage pour cette puissance qui pût la déterminer à prendre les armes.

Il faut un prétexte lorsqu'on veut s'engager dans une guerre. Qu'on ait droit de l'entamer, ou qu'on l'entame contre le droit des gens ; c'est aux politiques à examiner le danger que la république générale de l'Europe peut courir, dans une déclaration de guerre qui tend à l'opprimer.

Il ne nous est pas connu dans ce moment aucune succession ouverte, qui puisse engager la France à allumer le flambeau de la guerre, pour profiter, à la faveur de l'incendie, du démembrement du trône qui seroit vaquant.

La guerre qui s'est allumée, n'a pour fondement ces prétextes, si souvent mis en avant par l'Angleterre, de la liberté du corps général de l'Europe ; sûrement la France ne veut opprimer aucune puissance, et sa constance à souffrir les hostilités, prouve évidemment, qu'elle desiroit la tranquilité.

Enfin, quelle guerre qu'on entreprenne, elle doit avoir un objet ; comme il n'a pas plû à l'Angleterre de faire une déclaration de guerre, je crois entrevoir quelles sont ses raisons ;

l'anglais a plus compté sur ses forces, que sur la validité de ses prétentions, et en conséquence il s'est engagé dans une guerre où il a cru faire entrer toute l'Europe; ses préparatifs d'avance, font plus que d'une demi preuve, pour faire penser que l'anglais est l'agresseur (1).

Nous ne parlerons pas des siècles reculés;

---

(1) Le traité d'Amiens porte que Malthe sera rendu à l'ordre de St.-Jean de Jérusalem, et qu'il sera évacué par l'Angleterre, dans le délai de trois mois, à dater du jour de l'échange des notifications du traité, qui est sous la date du 25 mars 1802; et le 25 mai 1803, un membre du parlement (*M. Dundas*) applaudi par la chambre, prononçoit un discours dans lequel on voit ces mots : « sous quelque point de vue que nous consi-
« dérions Malte, nous verrons qu'elle est pour nous
« de la plus haute importance, je prétends que cette
« île ne peut plus être remise à l'ordre de St.-Jean de
« Jérusalem, et que nous devons la garder pour
« nous même; nous devons la garder pour notre inté-
« rêt, et pour celui des autres puissances ; nous de-
« vons la garder, non seulement pendant la guerre,
« mais même *à perpétuité*. La guerre est entreprise
« pour Malte, et Malte doit désormais *nous apparte-*
« *nir en toute propriété* ». Ainsi l'Angleterre ne fait point de *déclaration de guerre*, mais elle viole ouvertement ses traités. Elle veut garder la clef de la Méditéranée, mais elle crie à l'ambition de la France, et elle soutient qu'elle n'est pas l'agresseur de la nouvelle guerre maritime : quelle impudence !!!...

l'oblige à ne pas porter ses vues plus loin on trouveroit sur chaque puissance de bonnes et de mauvaises raisons à dire, qui les ont déterminées suivant les circonstances, à engager de grandes guerres, à usurper des villes et des provinces, il y en a même qui ont acquis des royaumes par le seul droit de conquête, la réussite dans leurs entreprises, a fait juger par la postérité, s'ils avoient tort ou raison, ces tems qui se sont passés peut être avec trop d'ambition, ne doivent pas être rappelés; les traités de paix les ayant soudés ; la politique peut raisonner ; mais c'est étranger au fait que nous traitons, et les écrits qui paroissent en Angleterre, et qui vont chercher trop loin des griefs contre la France, seroient bien contrebalancés, si on vouloit se servir des mêmes armes.

Un danois met sous les yeux du public ce qui est venu à sa connoissance, et établit pour principe la simple vérité. En voyant la situation de la France et de l'Angleterre, on décidera qui a tort ou raison.

Toute l'Europe doit avoir reconnu dans la conduite de Louis XV, depuis son avènement à la couronne, la sagesse, la modération, l'équité d'un souverain, qui toujours maître de lui-même, n'entreprend jamais rien qui puisse altérer la bonne intelligence avec ses voisins, et sur-tout avec les puissances qui savent se respecter, c'est un roi qui sait prescrire à propos à des sujets affectionnnés la modération et la vengeance (1).

La position actuelle de la France est telle, que tout le monde conviendra qu'il ne lui reste rien à souhaiter pour son agrandissement; elle a, sur l'une et l'autre mer, quantité de ports parfaitement bien situés, et en très-bon état; ses frontières, de quel côté qu'on les regarde, sont hérissées de forteresses; son peuple est nombreux; il est belliqueux; il sait obéir à son souverain; son terroir est seul capable de nourrir ses habitans : on n'a qu'à mettre cette partie de l'administration en valeur, le blé sera abondant dans tout le royaume ; il est plus riche en matières qu'aucune puissance : les mines de fer, d'acier, de plomb, de cuivre, y sont abondantes ; on voit chez lui des manufactures de toute espèce ; en un mot, la France voulant s'agrandir, perdroit plutôt de sa puissance qu'elle ne gagneroit, et sa grandeur consiste dans le resserrement de son état : la saine politique

---

(1) Cela fut écrit en 1756.

pour son agrandissement, et le monarque français ne prendra les armes que pour faire respecter son pavillon et ses droits (1).

Si la France avoit voulu faire bâtir des forts dans les îles françaises de l'Amérique, ce qui fait l'objet principal des griefs de la Grande-Bretagne, elle l'auroit pu, sans contredit, puisque dans aucun traité il n'a été stipulé que les puissances contractantes se dispenseroient de bâtir des forts, châteaux, ou citadelles, dans leurs possessions en Amérique.

La France a donc pu, sans rien altérer, bâtir un fort sur son territoire : l'anglais l'a laissée jouir paissiblement, depuis le traité

(1) En 1756, le politique danois pensoit que la France ne devoit pas s'agrandir ; mais il ignoroit qu'un jour toutes les puissances de l'Europe se ligueroient contre elle et jureroient de se la partager : dans un péril aussi imminent, qu'ont dû faire les Français ? se coaliser contre tous les souverains qui armoient contre eux ; leur courage les a rendu victorieux, ils ont reconquis les limites naturelles de leur pays. Irriter un conquérant, c'est lui offrir de nouveau, le chemin de la victoire et lui donner l'idée d'agrandir ses états. Si le héros qui gouverne a réuni quelques provinces à sa couronne, c'est pour former une barrière insurmontable aux anciennes frontières de France ; c'est pour se mettre en mesure contre ses ennemis, et c'est le plus sûr moyen de conserver sa liberté et son indépendance.

d'Utrecht, de tous les commerces de cette partie des îles contestées, et lorsque l'anglais a fait des traités sur cette partie du continent, il ne les a faits que par interlope et par contrebande.

Ce commerce illicite feroit un titre incontestable à la France, s'il restoit quelque doute sur la validité de ses possessions; cette puissance établit des forts pour l'aisance de son commerce, et pour faciliter sa navigation. Ces précautions d'améliorer les revenus de ses colonies, ne peut être regardé tout au plus qu'avec des yeux de jalousie par une puissance qui voudroit attirer à soi, par toutes les voies, le commerce que fait chacun de ses voisins.

Si la France avoit voulu engager une guerre dans cette partie du monde, auroit-elle envoyé ses vaisseaux armés en flute, et les auroit-elle mis au hazard d'être pris sans pouvoir se défendre? en vérité cela n'est ni croyable, ni vraisemblable.

Nous ne voyons pas que la France ait fait des préparatifs d'avance pour s'engager dans une guerre : c'est pourtant là une des premières délibérations du conseil qu'on a décidé qu'il faut prendre les armes ; cette conduite a été si uniforme en France, dans tous les tems, que les préparatifs ont toujours devancé l'entreprise des guerres.

La marine de France étoit dans un état, à la dernière paix, qui demandoit un rétablissement ; le ministre chargé de ce département, qui en sentoit toute la nécessité, s'occupoit au moyen de la mettre seulement en état de protéger son commerce dans le besoin ; cette marine étoit trop dans l'enfance pour permettre à la puissance française d'en venir à une rupture avec l'Angleterre ; il semble donc que le moment n'étoit pas arrivé pour que la France put commettre des hostilités sur mer.

La marine de France se rétablissoit avec tant de lenteur, que l'insulte que son pavillon a reçu, lui fait voir la nécessité où elle est de pousser avec vigueur ce rétablissement, si nécessaire pour sa gloire, et pour la sûreté de son commerce (1).

Ses voisins s'appercevroient bientôt de son malheur, si elle ne se mettoit en état de repousser la force par la force ; l'insulte faite à sa foiblesse doit la convaincre, que toutes les inquiétudes de l'Angleterre partent de la crainte qu'elle a de son rétablissement ; plus l'anglais craint que la France répare sa marine, plus il montre à découvert ses intentions

---

(1) Ce que fait Napoléon Ier.

sur l'ambition démesurée qu'il a de la domination des mers.

Il paroît évident que la France ne pouvoit s'engager dans une guerre sans nuire au rétablissement de sa marine, et aux branches de son commerce maritime, qui ne sont pas assez protégées pour subsister lorsqu'il survient le moindre trouble. Si ces raisons sont valables, comme je le pense, la France ne devoit pas commencer la guerre, et toute l'Europe décidera sans peine que l'Angleterre a commencé les premières hostilités.

La forme irrégulière des premières pirateries que l'Angleterre a commises, ne laissent aucun doute sur ses vues ambitieuses ; la masse générale de l'Europe est offensée dans l'insulte faite au pavillon français, avec si peu de ménagement et si peu d'égards pour la république commune qui doit juger les démarches des souverains ; cette puissance foule aux pieds le droit des gens et celui de la société : dans les siècles de la barbarie, tous les peuples travailloient de concert au maintien de leur liberté, et l'histoire nous apprend leurs efforts pour la recouvrer lorsqu'ils l'avoit malheureusement perdue. Sera-t-il permis à l'anglais d'étendre sa domination à un si haut degré de puissance, que la masse générale soit opprimée? non, cela ne peut pas arriver, l'anglais s'est trompé dans sa spéculation, et l'Europe se trouvant intéressée à maintenir l'équilibre, et chaque potentat, dans les bornes de son pouvoir, ouvrira les yeux sur la dernière tentative de la puissance maritime, et verra avec indignation que la politique anglaise tendoit à imposer le joug, en offrant continuellement ses bons offices pour l'égalité de l'équilibre, et la tranquillité de l'Europe(1).

La nation anglaise auroit-elle oublié ce que peut la France? elle ne peut pas s'être persuadée qu'elle subjugueroit cette puissance : les peuples attachés à leur souverain, et aimant sa domination et ses lois, ils ne seront pas facilement subjugués : si l'Angleterre a fait des démarches assez irrégulières pour offenser et s'attirer la haine de toute une nation, elle a sûrement espéré d'engager une guerre générale qui accableroit par son poids cette nation qu'elle insulte.

Louis XV a eu des occasions bien favorables, pour étendre ses frontières ; si le trouble et les horreurs de la guerre eussent été son goût dominant, il n'auroit pas donné la paix

---

(1) Avis aux Empereurs d'Autriche et de Russie.

en 1733 à l'empereur, avec la facilité qui nous est connue (1).

Epoque qui doit être à jamais respectable ; le monarque français donne à l'empereur, par les négociations de son ambassadeur, une paix aussi desirée que nécessaire à l'Allemagne, dans le tems que les armes des Ottomans avoient le plus de lustre et les plus grands avantages ; on ne peut pas regarder avec indifférence une démarche si généreuse du cabinet de Versailles, comme relative à ses intérêts ; on voit dans ces bons offices un monarque qui chérit l'Europe et qui veut sa tranquillité ; la jalousie ne lui fait pas désirer l'abaissement de sa rivale ; toutes les démarches de Louis XV, sont marquées au coin de la pacification.

La Paix d'Aix-la-Chapelle qui assure le repos de toute l'Europe, est un sûr garant des bonnes intentions de Louis XV, pour la tranquillité publique. Au milieu de ses conquêtes, il ne prend conseil que de sa modération ; il rétablit la paix, restitue toutes les places conquises, et n'en garde pas une, pour le dédommagement d'une guerre si couteuse ; il

---

(1) En 1797 à *Leoben* : en 1800, à *Marengo* et à *Höhenlenden*, la France n'a-t-elle pas encore donné la paix à l'Autriche qui la réclamoit à grands cris ! ! !.

avoit déclaré en prenant les armes, qu'il ne vouloit rien pour lui, aussi rien n'est à sa bienséance, son royaume est assez puissant, son ambition se borne aux bienfaits, et à faire le bonheur de ses voisins, c'est à quoi il met toute sa gloire : qu'on trouve dans cette conduite la moindre apparence d'ambition qui tende, comme l'anglais l'a toujours prétendu, à cette monarchie universelle, à laquelle ils accusent la France d'aspirer.

Les anglais seuls, jaloux de la gloire que le monarque français avait acquise par le traité d'Aix-la-Chapelle, ont tâché de l'obscurcir, même dans leurs écrits publics, et n'ont cessé de dire que la paix n'étoit due qu'au manque de bled qui alloit plonger la France dans la plus affreuse disette, et que cette paix étoit l'effet d'une nécessité forcée, et non du désintéressement de Louis XV. Si la haine qu'ils portent à la France ne les aveugloit pas, auroient-ils été capables d'établir un principe si faux, si injuste ? Qu'on fasse attention en quel tems, et dans quelles circonstances le traité d'Aix-la-Chapelle fut signé, tout l'univers verra qu'il faut être anglais pour oser penser de la sorte ; les faits peuvent être altérés, mais la calomnie n'a pas le pouvoir de les détruire.

Les

Les préliminaires de la paix furent signés le 30 avril 1748, et le traité dans les premiers jours de mai ; la récolte promettoit alors beaucoup, et à juger par les apparences, on pouvoit se flatter qu'elle seroit abondante. Le dernier jour de mai, en certains endroits, et dans d'autres lieux, le 24 juin au matin firent perdre au laboureur l'espérance de recueillir les fruits de ses travaux ; personne ne se persuadera que quelqu'intelligence céleste ait révélé sur la fin d'avril, aux français, que le bled leur manqueroit, afin de les engager à faire la paix, dans un tems où ils faisoient la guerre avec tant d'avantage, et que tous les frais et les dépenses de la campagne avoient été distribués aux troupes ; exemple rare : le monarque français, pour convaincre toute l'Europe de sa modération, signe la la paix, dans le moment qu'avec une armée victorieuse il est prêt à porter l'allarme dans le sein de la Hollande.

A la réserve de Luxembourg, les français avoient conquis tous les Pays-Bas Autrichiens ils s'étoient même emparés d'une grande partie des domaines que la république des Provinces-Unies possède dans la Flandre et dans le Brabant. Berg-op-zoom, forteresse, qui avoit été regardée jusqu'à nos jours imprenable, avoit été prise d'assaut; Mastricht dont on faisoit le siége pouvoit être reputé pris; Bois-le-Duc, Breda étoient dans la détresse, les hollandais ne pouvoient empêcher l'armée française de pénétrer dans le cours de la campagne jusqu'à la Haye. Le général français appuyoit la droite de son armée à Mastricht, sa gauche à Berg-op-zoom; par cette position il devenoit inattaquable, il se trouvoit en état d'étendre ses contributions jusques dans le cœur de la Hollande. Peut-on jamais espérer une position plus avantageuse, et plus sûre pour une armée?

Or dans cette position, qui ne sauroit être contestée, comment la France auroit-elle pu craindre de manquer de bled? la Flandre qui étoit toute entière sous la domination du roi, toute couverte par une armée victorieuse qui ne pouvoit souffrir d'aucune façon, si le roi n'eût voulu que couvrir ses conquêtes et ne pas les exposer. Cette même Flandre regorgeoit tellement de bled, qu'en supposant deux mauvaises récoltes, elle en auroit fourni abondamment à toute la France; l'acharnement néamoins des anglais contre la

France est tel, qu'ils cherchent à lui ravir les honneurs les plus légitimes.

Acheter beaucoup de troupes, mettre beaucoup de vaisseaux en mer, ce n'est pas acquérir un titre de puissance vis-à-vis de ses voisins, c'est tout au plus découvrir l'ambition sans bornes qu'on a de dominer. Quelles peuvent être les suites d'une conduite qui offense tous les peuples qui ont droit de naviguer ? Si on ne les a pas pour ennemis après une pareille entreprise, on doit craindre qu'ils seront enclins à favoriser la puissance qui peut les affranchir de la servitude.

Suivons la situation de l'Europe, et tâchons de découvrir s'il y a quelque puissance qui trouve son avantage au ton impérieux, et à la conduite des puissances maritimes.

On tâchera de voir aussi, si leur intérêt ne les conduit pas à un nouveau système de politique. Il est démontré que l'Angleterre avoit caché les siens depuis un siècle : sa dernière tentative annonce à tous ses voisins que la profusion de son or, prodiguée dans toutes les guerres qui ont accablé l'Europe, étoit donnée pour subjuguer toutes les puissances et parvenir à cet empire des mers si désiré.

Le Corps Germanique.

Le voisinage de l'Allemagne avec la France, leurs forces presqu'égales, la rivalité qui règne depuis si longtems, entretient la méfiance : l'anglais, habile politique, a vu cette rivalité avec plaisir, et a su profiter suivant les circonstances, des guerres sanglantes que ces deux puissances ont soutenues avec opiniâtreté, pour s'abaisser ou se nuire ; ces momens de discordes ont été utiles à l'Angleterre, qui se prévalant de la foiblesse de l'une, ou de l'autre s'est rendue formidable, et même redoutable aux dépens de leurs jalousies (1).

Si on pouvoit ensevelir dans un oubli éternel tous les griefs qui ont altéré la bonne intel-

---

(1) Il est constant qu'il existe une rivalité entre la France et l'Allemagne, depuis plusieurs siècles, et l'Angleterre n'a pas peu contribué à prolonger les dissentions politiques qui, tant de fois, ont fait gémir l'humanité.

Si la maison d'Autriche a été fondée à faire la guerre à la France, sur tout depuis l'époque fatale de 1793, le peuple Français et le peuple d'Allemagne doivent-ils souffrir toujours, pour les crimes d'une poignée d'hommes rongés aujourd'hui par les remords ! le sang humain doit-il constamment couler pour des haines et des vengeances particulières ? Si la maison d'Autriche a reconnu l'âme fière et magnanime de Bonaparte, elle n'a pas moins la certitude du bon esprit et de la bravoure de ce héros, qui fut absolument étranger aux crimes de la ré-

ligence qui auroit dû régner entre la France et l'Empire, l'Europe y trouveroit un avantage réel, et sa tranquillité; il en est un qui n'est ni chimérique, ni supposé, qui résulteroit de cette bonne harmonie, si ces deux corps respectables voyoient dans le même point de vue, où l'ambition des puissances maritimes tend, en fomentant leurs divisions.

Perdons de vue ces tems malheureux, qui ont coûté tant de sang à la république de l'Europe, on trouveroit des reproches trop amers, si on mettoit au jour les raisons de politique qui ont fait mouvoir ces ressorts; les véritables mobiles de ces troubles funestes ont pris leur naissance dans l'ambition des souverains, en leur faisant prendre les armes. La réussite laisse à la postérité le droit de condamner ou de les approuver; mais si tout a été mû par les mêmes raisons d'État, tout doit être enseveli et effacé de la mémoire, puisque les traités les plus solemnels ont décidé leur querelle; il est question dans ce moment d'examiner si l'intérêt du corps Germa-

---

volution. Comment le souverain de l'Allemagne a-t-il pu trahir son bienfaiteur! comment a-t-il pu se laisser entraîner aux sollicitons de l'Angleterre, qui ne le sauvera pas des chances de la guerre, si la victoire continue de couronner les armes de Napoléon.!!

nique ne l'engage pas de conserver avec la France une amitié, non-seulement promise, mais affermie par les traités; si ces avantages sont tels, il ne peut les violer sans se nuire; l'anglais doit trouver son humiliation dans la guerre irrégulière qu'il a engagés vis-à-vis de la France, sans aucune des formalités requises, il attaque, par cette démarche, qui n'a point d'exemple, toutes les puissances contractantes, qui se sont rendues garantes du dernier traité (1).

On ne se propose pas de faire voir jusqu'à quel point l'ambition anglaise est montée; on se contentera de représenter seulement qu'il est toujours dangereux de donner trop d'ombrage à ses voisins; si un esprit de vertige lui a fait entrevoir que sa puissance, pouvoit en imposer, l'Europe doit la ramener au point où elle doit être; il ne convient à aucune puissance quelle qu'elle soit, de hasarder, vis-à-vis du corps général de l'Europe, des démarches qui tendent à l'opprimer, et de se réserver d'engager tout ce corps respec-

---

(1) Heureux, donc, les princes du corps germanique qui, dans ce moment, sentiront l'intérêt qu'ils ont de se réunir à la France!! en respectant leurs traités, la maison d'Autriche sera vaincue, et l'Angleterre humiliée!!..

table dans une guerre qui met tout en feu. Si l'Angleterre a voulu donner des allarmes, ses vues d'ambition ne nous laissent aucun doute, qu'elle espéroit à la faveur de l'incendie, gagner un dégré de puissance : aux dépens des autres puissances, on doit la replacer dans la balance, pour ce qu'elle y doit peser, dans le système de l'équilibre.

On doit convenir que si l'Angleterre n'a prodigué ses richesses jusqu'à présent que pour entretenir l'égalité des puissances, et cet équilibre qu'on cherche dans l'Europe depuis si longtems, on devroit lui dresser des autels, et prendre pour modèle une conduite si sage et si respectable : si ce n'est pas celle qui nous est connue, c'est du moins celle que l'Angleterre nous a voulu faire croire. Quiconque connoît le cœur humain, n'auroit pas besoin des exemples sans nombre qu'elle nous a fourni, que ses vues étoient opposées à celles qu'elle vouloit persuader ; on ne cherchera pas des époques dans la Mémoire de Cromwel, ni de ses successeurs, nous y trouverions des preuves plus que suffisantes de l'ambition anglaise, les tems reculés ne devant pas absolument entrer dans notre projet.

Qu'on jette les yeux sur le traité de garantie qui vient d'être passé entre la cour Britannique et celle de Berlin, on verra que la puissance anglaise traite avec la puissance prussienne, comme si elle avoit le droit de décider des marches, et des mouvemens de toutes le troupes de l'Empire.

Si cette conduite ne ressemble pas en tout à celle des romains, dans le moment de leur ivresse, elle en approche beaucoup : le corps germanique a-t-il demandé, dans sa diète générale, qu'il fut mis sous sa protection, et sous la sauve-garde de l'anglais, par une garantie solemnelle avec un de ses électeurs ?

C'est là pourtant l'acte authentique qui existe, et qui vient d'être passé sous les yeux de l'Europe ; l'anglais semble dire, par une convention pareille, à ce corps que César respectoit: *Dormez tranquillement, nous vous mettons sous notre protection.* Si ce n'est pas une démarche tyrannique, c'en est une qui aveugle bien les contractans, et qui laisse des soupçons d'ambition, qui doivent nécessairement ramener ces deux puissances au point de leur force primitive.

Le chef de l'Empire, soixante villes libres, qu'on nomme impériales, environ autant de princes souverains ecclésiastiques ou séculiers, neuf électeurs, qui forment ce grand potentat, auront sous leurs yeux un pareil accord, sans avoir été consultés ; et les parties contractantes ont-elles pu se persuader qu'une pareille démarche, qui blessoit en même-tems le chef de ce corps, et tous ces membres resteroit enseveli dans l'oubli, et les laisseroit jouir du plaisir qu'ils ont eu de forger les premiers fers au corps germanique.

On ose avancer que les dépenses que l'Angleterre a faites, pour se mettre en état de soutenir de grandes guerres, n'ont pas eu pour objet l'équilibre de l'Europe qu'elle met toujours en avant. Une preuve qui ne sauroit être contestée, et qui dévoile la conduite des anglais, la voici : ils n'ont jamais prodigué leurs trésors, ni leurs forces dans les guerres, que l'Empire a été obligé de soutenir vis-à-vis la puissance ottomane. Eh quelles guerres! elles étoient si lourdes, que cette masse a plié plus 'une fois sous leur poids; mais plus le corps germanique perdoit de ses forces, plus l'anglais espéroit que cette puissance seroit dans la nécessité d'avoir recours à ses guinées, pour se rétablir des pertes que ses malheurs lui avoient fait essuyer; le corps germanique, dans la victoire, touchoit à l'épuisement de ses richesses. L'anglais, qui passe sa vie à calculer, n'ignore pas que les grands états sont comme le corps humain, qui succomberoit si on ne lui fournissoit des alimens pour rétablir ses forces perdues. Or, si l'anglais n'a jamais alimenté ce corps, que dans le cas où il a fallu soutenir de grandes guerres contre la France, l'anglais a donc eu pour vue, dans ces libéralités, de s'agrandir, et d'abaisser cette nation.

Le dernier traité qui vient d'être conclu, change les intérêts de tout le corps germanique ; chaque prince, en son particulier, y trouve des désavantages. S'il n'y avoit que l'Angleterre qui prit à sa solde des troupes des souverains d'Allemagne, le corps germanique perdroit son plus beau privilège, et diminueroit beaucoup de la considération qu'il s'est acquise ; ce corps ne peut soutenir sa politique et sa liberté, si une seule puissance donne la loi dans l'Empire.

Il est donc de son intérêt que la puissance britanique ne prenne pas trop le dessus ; si ses démarches sont marquées au coin de la supériorité, la politique demande qu'il se prête à la réparation que la France doit exiger de l'insulte faite à son pavillon contre le droit des gens. La politique du siècle invite les anglais à tout oser ; il a profité de cette funeste léthargie, qui tient depuis si long-tems les esprits attentifs sur les moindres démarches de la France ; l'ambition de cette puissance a été si souvent annoncée dans tous les cabinets, que l'anglais est parvenu à faire croire que le français pensoit à donner des fers à ses voisins, et nous voyons qu'à la faveur de cette créance, il a jeté les véritables fondemens de la tyrannie : sa conduite est plus que suffisante pour prévenir tous les esprits aveugles de son désintéressement (1).

En effet, si on examine avec attention la position de la France, vis-à-vis du corps Germanique, on verra que si cette puissance vouloit passer le Rhin, pour s'agrandir, elle perdroit plus qu'elle ne peut gagner, ce fleuve qui est la barrière de la France, ne sera jamais passé par ses armées, pour faire des conquêtes reversibles à son état, les drapeaux français ne le passeront donc que pour repousser la force par la force et s'opposer à des armées qui voudroient venir les insulter ; le corps Germanique doit être convaincu d'une vérité si frapante ; son intérêt n'est donc pas d'engager des guerres avec la France, elles seront tout au plus, dans une campagne, avantageuses à un parti, et la campagne après elle seront désavantageuses, il arrivera même

(1) Hélas ! que de gens sont encore aveugles !!! quand voudront-ils convenir de la perfidie du cabinet de Londres ?

quelquefois qu'une des deux armées primera l'autre, à l'ouverture de la campagne et portera la désolation dans le sein de l'empire, en dévastant des étendues de pays immenses; le plaisir de la vengeance qui se trouve doux en pareil cas, ramène dans le sein de la France, par l'habileté d'un général, une armée qui fait le même dégat que l'autre a fait; tout aboutit à se faire beaucoup de mal, à ruiner des peuples qui sont étrangers dans les querelles, et par un aveuglement funeste toutes ces pertes se trouvent relatives à la puissance Britannique (1).

La politique anglaise est donc meilleure que celle des autres puissances, puisqu'elle met à profit leurs querelles, et le mal qu'elles se font dans ces sortes de guerres, l'anglais fournit avec plaisir de gros subsides, et ces guinées données à propos, font trouver bien des difficultés, lorsqu'il est question des négociations de paix : pourquoi l'Angleterre ne suit-elle pas la même conduite, et ne sacrifie-t-elle pas ses richesses, lorsque l'empire a

---

(1) Raisonnement sage et profond ! *le politique danois* regardoit bien le Rhin comme les limites naturelles de la France, et si dans les dernières guerres les français l'ont passé pour pousser leurs conquêtes jusqu'en Allemagne, ils ont repoussé *la force* par *la force*, et ils ont assuré leur indépendance.

ses armées occupées à défendre le Danube, comme pour défendre le Rhin? Je laisse à la politique allemande à réfléchir sur la prodigalité des richesses de la Grande-Bretagne en sa faveur; dans ces guerres qu'elle a à soutenir, si tout le corps Germanique est intéressé à éviter des guerres contre la France, puisqu'il est démontré que ces deux puissances ne peuvent guères s'agrandir aux dépens l'une de l'autre, et qu'elles peuvent tout au plus se faire beaucoup de mal, il est bon qu'elles travaillent efficacement à se protéger et à se donner des secours réciproques dans les occasions où elles peuvent être menacées; les intérêts de différens princes qui composent ce vaste empire sont si fort compliqués, qu'il ne seroit pas possible d'établir un système qui fut également relatif aux avantages de chacun de ces souverains, si leurs intérêts communs les mènent à maintenir leurs droits et leur liberté; ils les trouveront dans leur position et dans leurs forces; s'ils peuvent les employer avec liberté dans ces occasions qui naissent entre ces puissances de l'Europe; si tout le commerce étoit renfermé dans un état, il y auroit un manque de secours qui énerveroit dans peu les autres potentats; et chaque prince perd son crédit et sa considération.

Si ce partage des richesses qui abondent dans les états par l'industrie du commerce est bien réparti, les villes libres du corps germanique joueront bien un plus beau rôle, et auront bien plus de facilité à se procurer le luxe et le nécessaire, que si elles étoient forcées de dépendre du pavillon anglais pour tous leurs besoins.

Si ces conséquences sont justes, la politique anglaise a porté à faux, et cette nation se trouvera forcée de supporter tout le poids d'une guerre qu'elle vouloit rendre générale, et par une conséquence juste, elle n'aura gagné dans sa démarche hazardée, que l'humanité de s'être fait voir trop à découvert, d'avoir affiché un orgueil qui révolte tous ses voisins, et qui les force de l'abandonner à ses ressources.

Maison d'Autriche.

Les liaisons étroites qu'il y a entre la maison d'Autriche et l'Angleterre, semblent annoncer à toute l'Europe que leurs intérêts sont communs, et que la Grande-Bretagne n'a pas pu douter que cette puissance suivroit aveuglément ses desseins dans la guerre qu'elle vient d'entreprendre.

Si on ne portoit pas ses vues au-delà des intérêts de la Grande-Bretagne, on seroit convaincu que l'anglais a eu raison : mais en examinant ceux de la souveraine qui possède tous les états héréditaires de la maison d'Autriche, on peut démontrer que l'ambition anglaise force cette puissance à changer son système d'ailliance, ou du moins cette conduite irrégulière l'oblige à profiter des dernières démarches de l'Angleterre pour rendre ses peuples heureux, et rétablir le commerce dans ses états maritimes. Cet établissement humiliera l'Angleterre, et annoncera aux siècles à venir, qu'une grande Reine (1) a ramené, dans les pays de son obeissance, l'abondance et l'industrie, monument qui doit éterniser la mémoire de la bienfaitrice qui a mené à bon port un si grand ouvrage.

On ne peut se dispenser de voir si les anglais ont prodigué leurs richesses avec égalité, pour défendre tous les royaumes, et toutes les possessions de la maison d'Autriche ; les subsides accordés par le parlement, dans les différentes guerres qu'ils ont soutenues, sont pour les pays-bas et pour le bord du Rhin; le royaume de Hongrie et de Bohême étoient trop étrangers aux intérêts de la Grande-

---

(1) Marie-Thérèse, Reine d'Hongrie.

Bretagne, pour que ses vues se portassent sur cette partie : l'Italie a attiré souvent son attention. On ne doutera pas que les objets de ses dépenses ont toujours été relatifs à son ambition ; les événemens passés portent avec eux leurs preuves, et l'Angleterre n'a prodigué ses trésors que pour abaisser la maison de Bourbon : cela doit être une raison plusque suffisante pour prouver à la puissance autrichienne, que les secours accordés avoient pour objet l'agrandissement de celui qui donnoit, et non la gloire de celui qui reçoit ; car enfin, les royaumes d'Hongrie et de Boëme, et les états héréditaires menacés, sont aussi chers à la maison d'Autriche que les pays-bas, l'Italie et les bords du Rhin ; cependant elle n'a pu, par sa politique, mener la puissance maritime à prendre intérêt dans ces guerres. Il est donc démontré que l'anglais n'a jamais abandonné son système, qui étoit de profiter des divisions des maisons de Bourbon et d'Autriche (1) ; si ce principe n'est pas

---

(1) Bien foibles d'esprit sont, donc, ceux qui croient encore que l'Angleterre combat contre la France, pour rétablir la maison des Bourbons !

équivoque,

équivoque, cette dernière, suivant la saine politique, doit se méfier des secours que la Grande-Bretagne lui offre, aux premières allarmes.

Les dépenses exhorbitantes que la puissance maritime a fait, pour mettre la couronne d'Espagne sur la tête d'un prince autrichien, laisseront à la postérité une preuve de générosité qui n'offre pas d'exemple : on ne peut pas disconvenir que l'Angleterre a fait des efforts plus que croyables ; des secours sacrifiés avec tant de profusion, mettroient la maison d'Autriche dans le cas d'une reconnoissance éternelle, si Gibraltar et Port-Mahon n'avoient pas balancé ses bienfaits. Que l'anglais cesse donc de faire valoir sa générosité : deux choses ont bien payé ses bons offices ; les reproches qu'il en a fait, en fournissant ses guinées, et les avantages qu'il en a retirés. Les écrits qui doivent servir de leçon à la postérité, pour la conduite des princes, et la politique des états, ne font mention que de la libéralité de la puissance britannique ; or, dans la révolution d'un siècle, l'Europe sera persuadée que ses véritables vues étoient positivement le bien général de toutes les puissances : il semble que tous les écrivains se soient prêtés à donner cette idée qui flatte si fort l'anglais.

E

Mais, hélas ! qu'on s'aveugle bien facilement sur ce qu'on veut faire croire ; Gibraltar et Port-Mahon ouvrent une branche de commerce à la puissance britannique, qu'il n'est pas possible de combiner, en la regardant relativement à la situation de l'Angleterre ; ces deux places donnent un lustre à son pavillon, qui enfle son orgueil, puisque par leur acquisition elle a droit d'aspirer à l'empire de toutes les mers ; comme c'est l'*esprit* de la nation, elle ne pouvoit payer trop cher un établissement qui la met à portée d'entretenir, dans son cœur, cette ambition qui la dévore depuis un siècle.

L'acte du parlement qui réunit à la couronne britannique, Gibraltar et Port-Mahon, ne laisse aucun doute, que l'anglais a jeté les fondemens de la domination de l'une et de l'autre mer, et par cette précaution anéanti l'article X et XI du traité d'Utrecht, qui laissoit quelque espoir à la couronne d'Espagne de pouvoir un jour recouvrer ces deux places, en sacrifiant tous les millions que la Grande-Bretagne auroit voulu exiger. La politique anglaise est savante ; elle a senti que Gibraltar et Port-Mahon valoient plus à l'Angleterre qu'un capital de deux cent millions une fois payés.

Nous laisserons à la postérité à juger des véritables sentimens de la puisssnce maritime dans les dépenses qu'elle a faites pour la maison d'Autriche, dans la guerre de la succession d'Espagne, et on balancera les avantages qui ont été reversibles aux anglais, avec les bons offices qu'ils ont rendus dans cette occasion à cette maison. Les siècles à venir décideront sans peine sur la tendresse que l'Angleterre a paru avoir pour la France à cette époque, lorsqu'elle engagea le monarque français à faire son traité d'avance, pour lui donner une nouvelle preuve de son attachement.

Il ne sera pas difficile de croire que la critique d'un écrivain malin, ait voulu persuader à toute l'Europe que l'anglais n'avoit jamais eu en vue de plaire à la maison de Bourbon; mais que son traité avoit été conclu, pour s'assurer par sa défection, *Gibraltar*, *Port-Mahon*, et la démolition de *Dunkerque*; nous sommes autorisés à penser que cet écrivain a eu raison, et nous devons croire qu'il a une connoissance parfaite de la politique anglaise. On jugera facilement qu'elle rapporte tout à elle-même, et que la maison de Bourbon et les provinces unies, n'ont soutenu une guerre de dix ou douze ans, qui les a menées à l'épuisement, pour ne leur laisser d'autre fruit que l'avantage, qu'à trouvé l'ambition anglaise, dans le traité d'Utrecht.

Si toutes ces preuves n'étoient pas plus que suffisantes pour convaincre la maison d'Autriche que l'Angleterre a eu plus en vue, dans les dépenses qu'elle a faites en sa faveur, son agrandissement, que la gloire autrichienne, nous en trouverions de bien frappantes dans sa conduite vis-à-vis cette puissance, lorsqu'elle a voulu avoir une portion de commerce pour ses sujets, qui ne peut être regardée avec des yeux de jalousie que par la Grande-Bretagne, elle n'a pu donner d'autres raisons de son opposition, que son ambition démesurée à s'approprier l'empire des mers, et tout le commerce. C'est cependant cette nation, si intimement liée avec la maison d'Autriche, qui a porté ses cris jusqu'au ciel, lorsqu'elle a voulu établir la compagnie d'Ostende.

Si cette conduite est celle qu'un bon ami et un bon allié doit tenir, il est dangereux d'en avoir de cette espèce; elle ressemble trop à la tyrannie pour qu'on s'y fasse, et la maison d'Autriche doit être convaincue de ses bonnes intentions pour son agrandissement, et les avantages qu'elle pourroit trouver dans ses états.

Il n'est pas de disposition si heureuse, pour établir une branche de commerce, que celle des pays-bas ; les habitans de ce beau pays ont disputé l'habileté sur le négoce, à tout le monde entier : cet esprit d'industrie s'est perpétué dans leurs descendans, et on peut dire que malgré le peu d'aisance qu'ils ont pour commercer, ils ne laissent pas d'entretenir des correspondances qui donnent de la vigueur, et ramènent l'abondance, malgré toutes les entraves que leurs spéculations rencontrent vis-à-vis de tous leurs voisins.

Qu'on juge des richesses qui entreroient dans les états de sa majesté la Reine d'Hongrie, si elle mettoit sous sa protection les habitans de ces contrées, qu'on pourroit nommer fortunés, si, ils avoient la faculté de pouvoir naviguer sous le pavillon autrichien ; ils feroient renaître cet ancien lustre qui leur avoit acquis, à juste titre, la plus haute considération parmi les commerçans.

Une compagnie qui ne doit avoir pour but que le commerce, et qui ne sauroit par sa position étendre ses vues plus loin, ne devroit pas trouver des obstacles insurmontables à sa création, et s'il manquoit quelque chose à la gloire de sa majesté hongroise, elle la trouveroit dans ce chef-d'œuvre qui rendroit à ses sujets l'abondance, et les richesses ; la bonté d'une princesse toujours occupée du bonheur des peuples qui lui sont soumis, éclateroit dans cet établissement.

Cette compagnie seroit formée par les habitans du pays, et tous les sujets de la domination de la Reine s'empresseroient à mettre des actions pour la rendre florissante ; la souveraine qui lui accorderoit son autorité et sa protection, auroit des richesses considérables dans tous les pays de son obéissance , tout seroit relatif à sa dignité et à ses avantages.

Nulle dépense ne porte dans la création d'un pareil établissement , sur les finances de sa majesté. Les commerçans une fois bien assurés de ses bonnes intentions, des lois sages qu'elle leur auroit accordées, pour gagner la confiance des intéressés, mettroient le sceau à cette belle entreprise, et la Reine verroit que toutes les denrées qui sont prises dans l'étranger, pour les besoins ou le luxe de ses peuples, se trouveroient dans ses propres états, par l'industrie des négocians, à qui elle aura rendu leurs premiers droits.

Le corps germanique trouveroit dans cet établissement de très-grands avantages : l'argent qui sort, toutes les années, pour aller chercher, chez les puissances étrangères, les matières qui leur sont indispensablement nécessaires, demeureroient dans les pays soumis à la Reine, lesquels balanceroient avec le corps germanique, une grande partie des marchandises qu'ils livreroient par celles qu'ils recevroient ; la matière circuleroit dans les états respectifs, et donneroit plus de nourriture à ce corps, qui en perd trop, lorsqu'il ne peut pas compenser ce qu'il dépense, avec le produit de l'industrie, ou du fruit des travaux quand il faut solder avec de l'argent vis-à-vis des étrangers qui ne prennent rien en échange ; il faut nécessairement de cinquante, en cinquante ans, quelque révolution pour ramener les richesses, et donner aux pays cette circulation qui les fait subsister.

Les actions qui seroient dispersées chez tous les habitans du corps germanique, et des royaumes de la Reine d'Hongrie, partageroient les produit des richesses que la compagnie se procureroit ; la négociation continuelle de ces mêmes actions feroit circuler les espèces : par toutes ces considérations on voit un bien immense qu'on auroit peine à combiner : comme l'appas du gain anime l'industrie, et que les sujets qui se trouvent sous la domination du même souverain, s'entr'aident plus volontiers, on doit regarder cet établissement dans les pays-bas aussi avantageux aux peuples éloignés du point, où viendront aboutir toutes ses richesses, puisque le partage du produit qui est dans l'action, que chaque particulier a, dans son portefeuille, est payable dans toutes les villes, où il y a du commerce, cet effet étant négociable comme les billets et les lettres de change.

Quelle foule de sujets sont employés sur les flottes qui vont aux voyages de long cours ! Quelle quantité de peuples de toute espèce trouvent leur subsistance dans leur industrie, et leur travail, pour les cargaisons, équipemens et fournitures, et pour le débit de ce que les flottes apportent ; cette circulation générale feroit un bien infini dans toutes les classes, et dans toutes les parties des états de sa majesté hongroise.

Quand l'abondance des richesses sera ramenée dans les pays de son obéissance, elle trouvera beaucoup plus d'aisance, pour soutenir des guerres, lorsqu'elle aura le malheur d'en avoir ; elle trouvera plus de facilité dans la levée des impositions ; de riches sujets supportent plus facilement les charges qui leur sont imposées pour le soutien des grandes guerres quand la matière est abondante.

Qui s'opposera à cet établissement ? Ce n'est pas une puissance maritime qui arbore un pavillon pour partager l'empire des mers ; c'en est une qui veut rendre à ses sujets ce qu'ils ont possédé pendant longtems ; c'est l'industrie du commerce, et le partage des richesses, qui doit être commun à tous les hommes que la Reine veut rétablir.

L'anglais en prendra-t-il ombrage ? la Hollande doit-elle en murmurer ? la France peut-elle en être jalouse ? l'Espagne qui partage avec tous ses voisins les richessses du Mexique et du Pérou, seroit-elle offensée que les sujets de sa majesté participassent aux biens, qu'elle accorde aux autres nations ? l'établissement prouvera, quels sont les voisins qui environnent les pays de la reine, qui feront le plus de bruit à sa naissance.

S. M. la Reine d'Hongrie trouve deux avantages réels en jetant les fondemens de la compagnie de commerce, pour les pays-bas ; tous les ports de sa domination peuvent jouir du privilège qu'elle voudra leur accorder; par cet établissement, elle procurera les richesses à tous les pays de son obéissance, et au corps germanique, elle connoîtra les véritables ennemis de sa gloire et de sa grandeur ; ceux qui s'y opposeront se montreront sans aucune difficulté ses ennemis, puisqu'il est permis à un souverain de rendre ses peuples heureux, et de se rendre indépendant de ses voisins par le partage des richesses (1).

Si des raisons d'état ont déterminé ses prédécesseurs à renoncer à cet établissement, S. M. doit-elle avoir les mêmes raisons de politique? et le bien général de ses sujets ne l'emportera-t-il pas sur des considérations particulières? Le chef de l'Empire pouvoit avoir des vues différentes de celles de l'héritière de la maison d'Autriche : l'abondance de la matière circulante mise dans les états par l'industrie du commerce, donne une grande considération au souverain, et une aisance à recevoir les revenus du domaine, et tous les membres se ressentent de cet avantage.

La maison d'Autriche a ressenti, dans plus d'une occasion, qu'une nation ne peut être puissante, ni heureuse sans le commerce : le nombre des sujets sous la domination d'un souverain, la place pour beaucoup dans la balance de l'Europe; les richesses qui abondent dans les états de ce souverain, par l'industrie des négocians, y mettent

---

(1) Voilà donc un des grands griefs de l'empereur Napoléon; c'est de rendre le commerce florissant dans les Pays-Bas (la Belgique) par l'activité de ses ports et principalement, de celui d'Anvers. C'est de chercher à rendre ses peuples heureux; c'est enfin de ne pas laisser à l'Angleterre toute la richesse du commerce des mers.

le véritable poids, et lui donnent une considération bien légitime, en réunissant en lui la force réelle des hommes, et le nerf des richesses, pour les faire mouvoir.

Si nous avons vu, dans les tems reculés, que des républiques très-foibles ont eu la plus haute considération acquise par l'industrie du commerce, on doit regarder cet objet comme essentiel à tous les états, puisque les plus grands potentats ont recherché avec empressement l'alliance de ces hommes industrieux : Carthage en est un monument éternel du tems des romains ; et Carthage auroit conservé sa haute considération, si elle s'étoit maintenue dans les bornes étroites de la modération : l'orgueil lui fit perdre, dans sa destruction, tout ce qu'elle avoit possédé pendant tant de siècles, les romains n'y parvinrent qu'après s'être adonnés au commerce.

Après la décadence de l'Empire romain, cette industrie commerçante fut ensevelie sous les ruines de ce vaste empire, l'Europe resta dans la barbarie, et dans des guerres qui la déchiroient, sans espoir d'autre fruit, que celui de gagner des batailles; les petites républiques d'Italie conservèrent quelque commerce; il passa dans la mer Baltide, et l'alliance de ces états foibles, qui n'avoit aucune consistance que celle de son industrie, fut recherchée par les rois les plus puissans: le commerce est donc d'un grand poids pour la dignité des souverains.

Les états de sa majesté la Reine d'Hongrie, étant privés d'une marine, se trouvent réduits à jouir tout au plus du commerce de l'Europe, et de celui que chacun fait dans son intérieur. Ils sont donc frustrés des trois principales branches qui sont celles qui ramènent les richesses, qui occupent le plus de monde, et qui donnent une grande vigueur à l'industrie ; si les sujets ne peuvent participer, à ce qu'on tire des Indes, de l'Amérique et de l'Afrique, qu'en recevant de la seconde, ou de la troisième main, on trouvera dans cette spéculation un vice d'état qui doit les tenir nécessairement dans la dépendance de leurs voisins, et dans la langueur : si le membre commerçant est en souffrance, tout le corps se ressent de la maladie (1).

La matière qui embrasse tous les avantages qu'un souverain peut retirer de l'établissement du commerce dans ses états, est si étendue, qu'un

---

(1) Comment l'empereur d'Autriche ne sait=il pas apprécier la valeur du port de Venise, qui lui a été cédé par le conquérant de l'Italie!!

volume ne suffiroit pas pour en démontrer tous les biens qui en résulteroient, si on lui donnoit une bonne forme, et la protection qu'il exige ; l'Angleterre et la Hollande nous fournissent des exemples trop frappans de son utilité, pour qu'on puisse révoquer en doute la nécessité où les souverains sont de donner toute leur attention à cette partie de l'administration, qui ramène l'agriculture, les arts, l'industrie et les richesses, parmi des sujets qui leur sont soumis.

La maison d'Autriche ne doit pas se flatter que la politique anglaise ait toujours porté ses vues à retenir la balance de l'Europe dans l'équilibre : c'est un prétexte duquel elle s'est servie dans toutes les guerres qu'elle a fomenté pour devenir à la faveur des troubles, la puissance dominante pour la partie du commerce : elle ne s'est opposée à cet établissement de la compagnie d'Ostende, que dans la vue d'ôter à la maison d'Autriche tout ce qui pouvoit la rendre indépendante : une branche de commerce bien établie lui donneroit cet avantage, et dès ce moment ses intérêts se trouveroient en contradiction avec ceux de la Grande-Bretagne ; alors, par une conséquence juste, elle perdroit de son crédit et de sa force ; voilà le vrai motif qui a fait mouvoir tous les ressorts qu'elle a fait jouer. La Reine doit être plus que convaincue que le système anglais tend à opprimer l'Europe, en travaillant sans relâche à entretenir la division, pour s'approprier, à la longue, l'empire des mers ; s'il y parvenoit, tout seroit asservi : sa conduite a été plus d'une fois conséquente à cette prétention, et sa dernière démarche, dans l'insulte faite au pavillon français par ses pirateries, annonce à toutes les puissances, que l'Angleterre méprise les formalités requises, parmi les peuples policés, pour les hostilités, qui n'avoient été commises jusqu'à ce ce jour, qu'après avoir eu le sceau de l'apparence d'une guerre, et toujours devancées d'une déclaration en forme : si l'anglais se dispense de suivre ces règles par hauteur, ou par insolence, toute l'Europe est offensée dans sa conduite (1).

Le tems ne seroit-il pas venu où la puissance autrichienne doit connoître ses véritables intérêts, et voir qu'une bonne intelligence avec la France peut être plus reversible à sa grandeur que les divisions qui ont régné entr'elles depuis tant de siècles : cette bonne harmonie

---

(1) Eh ! des souverains de l'Europe s'allient encore avec l'Angleterre ! !

bien affermie les mettroit en état dans tous les tems d'avoir cette balance de l'équilibre en main ; elles pourroit travailler efficacement à la faveur de cette tranquillité qui régneroit dans l'Europe, à rendre leurs peuples heureux en les laissant user de leurs différens talens pour le commerce, l'agriculture et l'établissement des manufactures.

La République des Provinces-Unies.

On voit depuis bien long-tems que le ministère anglais prévaut presque toujours dans les délibérations des asssemblées des provinces-unies ; il seroit difficile de pénétrer dans les replis du cœur, et dans la conduite de ceux qui donnent leurs voix pour engager la république à se mêler de toutes les guerres qui naissent dans l'Europe.

Lorsqu'un de leurs Statouders vouloit devenir roi de la Grande-Bretagne, les raisons d'état qui le portoit à la guerre avoit ses sources dans l'ambition ; il seroit inutile de rechercher par des raisonnemens systématiques, les vues qui ont déterminé cette république, aux guerres sanglantes qu'elle a soutenues. L'autorité du Statouder étoit parvenue à un si haut degré de puissance qu'il menoit toutes les voix à son avis ; il semble même que la mort de ce grand prince ne laissa pour tout héritage aux Provinces-Unies qu'une haine qui tenoit de la fureur, contre la puissance française ; les négociations ouverte par le Monarque français, pour donner la paix à l'Europe laisseront à la postérité un monument de hauteur, qu'une république naissante prit, vis-à-vis de sa bienfaitrice, qui ne sera pas croyable puisqu'il n'est pas vraisemblable.

La prospérité, et les grandes richesses ont fait oublier quelquefois à la république, ce qu'elle devoit à une puissance qui lui avoit donné la main pour la tirer du précipice où elle alloit tomber dans sa naissance, et qui l'avoit toujours soutenue dans ses revers, et dans sa mauvaise fortune. Si toutes ces raisons de bienfaits, n'ont pu mettre les provinces-unies dans les étroites bornes de ce qu'elle devoit, et de ce qu'elle pouvoit ; on doit oublier tous les tems de factions qui n'avoient pour but que d'appaiser une puissance qui jalousoit l'anglais, mais elle ne méritoit pas que la Hollande eut de pareils sentimens.

En effet, la Hollande, à l'instigation de l'Angleterre, avoit trop voulu dans sa naissance, morguer la France : cela lui attira l'orage furieux

furieux qui tomba sur elle en mil six cent soixante douze ; le Monarque français voulut humilier une République qui avoit trop de hauteur avec lui. Tous ces tems reculés, qui n'avoient aucun système d'agrandissement, doivent être ensevélis dans un oubli éternel ; il n'est pas de mon ouvrage de décider si cette politique d'Etat étoit bien ou mal fondée ; on se propose seulement d'examiner si la Hollande, exige dans l'état où se trouve l'Europe, qu'elle soit étroitement liée avec l'Angleterre, on est persuadé que son intérêt lui doit dicter une autre conduite, et si l'esprit de parti est banni de ses assemblées, et que la voix du bien général forme les délibérations, la Hollande sera pacifique, et ne prodiguera pas ses forces dans la guerre qui vient d'être entamée par l'Angleterre.

La position de la Hollande, la constitution de son état, l'oblige, si elle n'examine que ses véritables intérêts, à se maintenir toujours dans la paix, et elle ne peut trouver de véritable grandeur, et une puissance réelle, que dans cette conduite. Lorsqu'on ne l'attaquera pas, elle ne doit pas prendre les armes ; les traités d'alliance l'obligent-elle à donner ses forces dans une querelle qui n'est pas revêtue, non-

F

seulement des formalités requises, mais même usitées parmi les peuples policés ? la politique, dit non ; elle n'est obligée à fournir les contingens promis par leurs alliances que dans le cas des guerres solemnellement déclarées ; celle qui se présente aujourd'hui, ne nous laisse voir que des hostilités de pirateries : la Hollande doit donc, être bien sur ses gardes vis-à-vis de l'Angleterre, qui a cru pouvoir l'entraîner à son gré dans une démarche si inconsidérée ; l'Anglais est trop politique pour s'être engagé avec tant d'irrégularité dans cette guerre, s'il n'avoit pas espéré de la rendre générale ; plus l'Anglais le veut, plus les puissances qui l'environnent doivent se méfier de son ambition ; la Hollande doit plus que tout autre peser ses démarches ; le dernier traité conclu avec le roi de Prusse lui annonce ce qu'elle doit craindre. Soixante mille Russes, et toutes les troupes prises à la solde de la Grande-Bretagne avant qu'il y eut nulle apparence de rupture, lui annoncent qu'on ne croyoit pas trouver de difficultés à leur passage sur les états de la république, si le besoin le requéroit (1).

---

(1) Par ce principe, reconnu par l'histoire, il est donc prouvé que la France, la Hollande et la Prusse, ne doivent former qu'une opinion pour détruire les projets du gouvernement anglais.

A-t-elle été consultée dans tous ces préparatifs prématurés ? si elle y a donné sa voix, elle entre, donc, comme puissance maritime dans le dessein ambitieux d'engager une guerre générale qui ne peut avoir d'autre objet que l'ambition d'une puissance qui voudroit tout envahir, cette ivresse ne peut pas être commune avec la république, puisqu'elle blesseroit toutes les puissances et qu'elle mettroit les provinces-unies dans un danger trop funeste.

Si les provinces-unies partagent, avec l'Europe, tous les biens qui sont répartis, séparément, dans chaque état, par l'industrie du commerce ; si la république fournit également à tous ceux qui vont se pourvoir chez elle ; si elle revend les mêmes denrées qu'elle vient d'acheter dans un tems d'abondance, et qu'elle fait repasser dans les calamités ; on doit regarder la Hollande comme la mère nourrice de toutes les puissances qui l'environnent ; elle doit donc beaucoup gagner à entretenir la paix dans ses états ; si l'hollandais part de ce principe, l'anglais sentira par la diminution de son commerce, qu'il faut nécessairement qu'il fasse la paix, si ses intrigues de cabinet n'engagent pas la Hollande à partager avec lui le pesant fardeau de la guerre.

Il est bien démontré que les hollandais seront les facteurs de toutes les puissances qui auront guerre, lorsqu'ils observeront avec religion et probité une exacte neutralité ; il faut qu'elle soit ferme, inviolable et sacrée ; la moindre supercherie leur feroit perdre toute confiance, et les entraîneroit dans des disgraces qui sont attachées à la guerre : la fortune est volage : elle se plaît à donner l'avantage tour-à-tour à un des deux partis, et par cette faveur, elle les conduit, souvent, tous les deux à l'épuisement ; la liberté du commerce, que les hollandais feront, n'aura pas ses caprices à craindre, et la république fleurira des divisions que les autres puissances entretiendront entr'elles.

C'est une belle science, que celle qu'on acquiert quand on est préposé pour gouverner des peuples, que de fouler aux pieds tout ce qui a l'apparence d'esprit de faction ou de parti, et de ne connoître que le bien général, et la tranquillité des sujets, qui nous ont confié les rênes du gouvernement. Ne voir jamais que le bien public, est un point de vue qui fait un honneur infini à l'homme : la situation de la Hollande a besoin, comme toute République sage, que ses délibérations soient marquées au coin de la pacification, et que tous les membres de cet état examinent le bien général, de préférence à leurs vues particulières (1).

Si la Hollande est de bonne foi, elle conviendra que ses plaies saignent encore des coups réitérés que la Grande-Bretagne lui a portés ; si l'ambition de ceux qui étoient à la tête des affaires lui a fait oublier les mauvais traitemens qu'elle a essuyés, dans plus d'une occasion, de la fierté britannique ; elle doit peser, dans la balance la plus juste, si le mal qu'elle a ressenti dans ces différentes secousses, ne l'emporte pas sur les bienfaits qui lui ont été accordés : elle trouveroit, si elle examinoit

---

(1) Tel est l'esprit aujourd'hui du grand pensionnaire de l'état Batave, tel est celui de Napoléon Ier. Ce monarque n'a-t-il pas éteint le flambeau de la discorde, en prenant les rênes de l'empire français ? n'a-t-il pas réunit tous ces hommes divisés par opinions, en classant chacun au rang que lui assignoit son génie et ses talens pour le bien de l'état ; mais ce n'est point ainsi que pense le gouvernement anglais : l'esprit de faction alimente ses vues ambitieuses, il ne s'agrandit, ne se soutient, et ne domine qu'en fomentant des troubles, qu'en divisant les peuples et, en un mot, qu'en armant les souverains les uns contre les autres.

avec attention, que la politique anglaise a toujours porté dans ses libéralités et dans ses attaques, l'empreinte de l'ambition, et l'abaissement du commerce de la république; si l'anglais n'a pû tout absorber, il en a diminué plusieurs branches; celle de la pêche en est une bien considérable, et toujours existante; la Hollande a donc ressenti des effets de la tyrannie anglaise, qui lui ont plus porté de préjudice que cette chimère que l'Angleterre lui a voulu faire croire, que la France vouloit l'opprimer : la dégradation de son commerce est un mal réel, et l'épouventail de la Monarchie universelle est si chimérique, que l'avenir ne croira pas, en examinant les constitutions des états, que cette fable ait pris créance parmi des peuples policés; elle est si fort dépourvue de vraisemblance, que la passion seule lui a donné crédit, et armé toutes les puissances, pour en abaisser une (la France).

Cet aveuglement ou cette ivresse, ne peut prendre créance que dans les esprits d'une puissance maritime, qui croit, parce qu'elle a une marine formidable, pouvoir en imposer à toute l'Europe, et mettre aux fers la République générale.

Nous avons sous nos yeux des essais qui ressemblent beaucoup à cette ambition de tyrannie : la Grande-Bretagne en 1783, voulut éprouver si sa puissance étoit parvenue à cette domination qui la dévore ; elle envoya trois flottes à-la-fois, en trois extrémités du monde, l'une à Gibraltar conquise et conservée par ses armes, l'autre à Porto-Bello, pour ôter au Roi d'Espagne les trésors des Indes, et la troisième dans la mer Baltique, pour empêcher les puissances, du nord de disputer leurs droits. Si la France avoit eu une pareille conduite, l'anglais auroit mis l'Europe en feu, et auroit crié : *aux armes: la France veut opprimer la République chrétienne* ; si l'Europe avoit réprimé l'insolence anglaise, qui insultoit toutes les puissances par sa conduite impérieuse, les anglais n'auroient pas osé, dans leur dernière tentative, engager une guerre de piraterie comme ils ont faits, sans respecter ni le droit des gens, ni celui de la société (1).

Des politiques d'état laissèrent aller l'Angleterre trop avant dans une démarche si hardie ; les puissances de l'Europe ne sentirent pas assez alors ses conséquences, et l'anglais a profité avec adresse de leur peu d'intelligence, pour augmenter sa puissance sur mer, et s'approprier de plus en plus le commerce,

---

(1) Ce qu'ils font aujourd'hui.

espérant à la longue pouvoir subjuguer tous ses voisins, et faire trembler les peuples les plus éloignés de la Grande-Bretagne.

C'est donc l'anglais qui a jeté les fondémens de cette Monarchie universelle, qui a effarouché tous les esprits depuis un siècle, et je ne serois pas éloigné de croire que s'il pouvoit parvenir à engager, par une guerre générale, toutes les puissances à détruire la France, il ne fut venu à ce point si désiré de la domination des mers. Jouiroit-il longtems du plaisir de dominer? Tout le monde dit non : alors, tout se ligueroit, et feroit cause commune pour le faire rentrer dans son premier état ; il ne peut être d'aucune combinaison qu'une puissance jouisse paisiblement, pendant longues années, de la tyrannie ; l'Europe est montée de façon que l'ambition peut faire beaucoup de mal, mais elle ne peut pas opprimer ; et l'anglais est si loin de ce degré de puissance, qu'il ne peut entrevoir où portent ses forces ; elles ne lui persuadent de tout oser, que par l'aveuglement d'un orgueil, qui absorbe toutes les combinaisons que ces grands politiques seroient en état de faire, s'ils n'étoient pas enivrés de leur prétendue grandeur.

Il est donc de l'intérêt de l'Europe de replacer la Grande-Bretagne dans les bornes de son pouvoir : toutes les puissances sont intéressées à maintenir l'égalité, et la bonne harmonie qui doit régner, pour que chacune jouisse paisiblement des avantages que la nature lui offre par sa position, et de cette paix si nécessaire au bien des sujets ; je dis donc qu'on doit examiner s'il n'est pas plus facile de remettre l'Anglais à sa place, que de lui laisser pousser trop loin ses vues ambitieuses.

Qui a plus d'intérêt que la Hollande à cet arrangement d'équilibre ? comme puissance commerçante, elle doit désirer plus que personne la tranquillité ; et elle doit en même tems craindre, plus qu'une autre, la supériorité de l'Angleterre, si elle alloit trop loin ; si la politique d'état ne l'oblige pas à fournir ses forces contre la Grande-Bretagne, elle l'oblige sans difficulté à l'exacte neutralité ; ses barrières sont bien différentes : considérations qui doivent entrer pour beaucoup dans les délibérations qu'elle prend, lorsqu'on veut l'engager à faire cause commune dans toutes les guerres !!

Si toutes ces raisons n'étoient pas plus que suffisantes ; que la Hollande jette les yeux sur la politique du fameux de With, leur ancien pensionnaire, et elle sera convaincue que le parti de pacification est le seul qui lui convient, et qu'elle doit se méfier de l'Angleterre plus que de toute autre nation, pour le soutien de son commerce qui fait l'ame, et le nerf de ses états. Des villes conquises par quelques puissances inquiètes qui les environnent, peuvent tout au plus porter préjudice aux provinces qui seront le théâtre de la guerre; à la paix, ces villes sont toujours rendues, le sol reste, on éprouve seulement des dégradations faciles à réparer; il n'en est pas de même du commerce; une branche ôtée du corps, le met dans la langueur, c'est une paralysie qui mène au dépérissement de tout le tronc.

La rivalité des deux puissances maritimes auroit dû ranger depuis long-tems, la Hollande dans le système d'être arbitre, et non partie, dans les différens qui surviennent entre les grands potentats; elle n'auroit pas perdu les établissemens qui ont passé sous une autre domination, et son commerce n'auroit pas éprouvé les altérations qui nous sont connues, et qui ont mis plus d'une fois cette République dans la dure nécessité d'avoir recours à la puissance qui les opprimoit d'avantage.

La République des Provinces-Unies sera toujours heureuse si elle sait éviter les guerres, et si toutes ses vues tendent à la tranquillité de l'Europe, et à procurer des richesses à tous ses habitans; sa constitution d'état l'invite à cette sagesse, et elle trouvera dans cette conduite toute la protection qu'une puissance pacifique doit souhaiter et désirer (1).

Les puissances du Nord.

Le Dannemarck et la Suède ont éprouvé, plus d'une fois, ce que peut la puissance britannique vis-à-vis des nations qui n'ont pas

---

(1) La république batave, quoiqu'en dise le gouvernement anglais, est libre et indépendante, elle est bien, à la vérité, sous la protection spéciale de la France, mais qui peut mieux lui accorder aide et assistance que le gouvernement français qui l'a conquise, qui pouvoit la garder, et qui en a formé un état indépendant. Faut-il livrer les hollandais à la vengeance et à la tirannie du gouvernement anglais ? Si l'Angleterre eut conquis la Hollande, l'eut-il rendu ? en eut-elle fait un état indépendant ? non, l'Angleterre regarde comme sa propriété tout ce qui lui est utile, et tout ce qu'elle peut prendre; si un traité la force à restituer, d'abord, elle promet, et bientôt, sous un prétexte quelconque, elle engendre une nouvelle querelle, pour garder ce qu'elle avoit promis solemnellement de rendre. Tel est l'*esprit* du gouvernement anglais ! ! . . .

leurs principales forces dans la marine. Si les anglais ont pris la voie de conciliation dans bien des occasions, s'ils ont prêté leurs bons offices, amicalement, pour être médiateurs de la paix, dans les guerres qui se sont élevées dans ces pays éloignés, la Suède et le Dannemarck, ont éprouvé le ton impérieux et décisif que l'Angleterre a pris dans les derniers tems; l'année 1723 laisse une époque de dureté et de tyrannie au Dannemarck, à la Suède, aux villes de Hambourg, Lubeck et Dantzick, qui doit faire voir à cette partie du Nord, que l'anglais porte trop loin le despotisme, pour décider les querelles de ces puissances, et le rang qu'elles doivent tenir sur les mers.

Si les anglais gagnent trop d'empire sur la mer, il faut nécessairement que les puissances du Nord deviennent leurs tributaires; alors par le laps du tems, ces pays ne sauront faire aucune portion de commerce sans la protection de la Grande-Bretagne; leur position demande une balance, dans les forces des puissances maritimes, qui leur assure la liberté de naviguer sans être assujeties à dépendre de personne en particulier.

Comme le commerce amène l'abondance et les richesses dans tous les états, il est de la saine politique de tenir toutes les puissances dans une juste égalité de pouvoir, pour que le partage du commerce soit égalisé autant qu'il est possible, vis-à-vis de tous les Européens.

Le Nord, par sa position, a plus besoin qu'aucune autre nation que l'anglais ne prenne pas trop le dessus sur mers, les conséquences en seroient trop dangereuses : cette partie languiroit pendant, quelques années, mais à la longue, la maladie deviendroit incurable.

Le traité de subside que l'Angleterre a passé avec la Czarine, l'acte du parlement qui accorde les sommes nécessaires pour soudoyer soixante mille russes, et entretenir vingt vaisseaux à la disposition de la Grande-Bretagne, annonce aux puissances de Suède, de Dannemarck, et aux villes Anséatiques, qu'elle a des vues qui sont suspectes, pour ne rien dire de plus; car enfin, ces précautions prises dans un tems où tout étoit tranquille en Europe, et qu'on ne pensoit à aucune hostilité, ces précations, dis-je, avertissent les puissances de la mer Baltique, que l'anglais avoit conçu le dessein d'engager une guerre vis-à-vis la puissance française, et que non content de faire de gros préparatifs dans ses états, et portant les premiers coups avec supériorité dans les mers de l'Amérique, il a voulu, à la faveur de ses guinées, soudoyer un gros corps de troupes étrangères, et entretenir une marine pour en imposer au Nord, au cas que ces puissances, jalouses de la liberté qui doit régner dans toutes les mers, voulussent offrir leurs bons offices, pour ramener l'anglais à réparer l'insulte faite au pavillon français contre le droit des gens, et la foi des traités (1).

(1) Comment Alexandre Ier. qui a donné tant de preuves de son esprit pacificateur, peut-il faire un traité d'alliance avec le gouvernement anglais ? quoi ! cet illustre héritier des Czars, qui a partagé la gloire de Napoléon dans le travail des indemnités en faveur des princes d'Allemagne, au mois de janvier 1803, se réunit aujourd'hui au plus cruel ennemi du Monarque français : oublie-t-il quel a été le sort des russes, au mois d'août 1799, commandés par le célèbre Souwarouw, et battus en Suisse par les braves généraux, Massena et Le Courbe (*) ? oublie-t-il que le gouvernement anglais, en 1800, a refusé de comprendre les russes prisonniers de guerre dans le cartel d'échange des prisonniers qu'il a arrêté avec le gouvernement français : croiroit-on que dix mille hommes de ces troupes du Nord à la solde de l'Angleterre, et faisant

(*) Un plaisant fit les vers suivans après la défaite du général russe

« Par trop d'emportement, sujet à se méprendre,
« SOUWAROUW vers Paris prenoit son chemin droit,
« Mais battu près Glaris, chacun en cet endroit,
« Lui dit, c'étoit LE COURBE, ami, qu'il falloit prendre.

Toutes les précautions prises sous nos yeux par la Grande-Bretagne, avant de commencer ses pirateries, annoncent à toutes les puissances ce qu'elles doivent craindre de cette nation orgueilleuse ; l'insulte faite à la France attaque la liberté du Nord et du Midi : tous les membres du corps général de l'Europe sont blessés dans ces premières hostilités, sans aucun égard ni aux traités, ni à ce que se doivent des peuples policés. L'anglais a donc espéré, (ou sa conduite seroit bien fausse), d'engager toute l'Europe dans la guerre illicite qu'il a entamée, et il s'est assuré d'avance de toutes les forces qu'il a pu mettre à sa

---

partie de l'armée du duc d'Yorc, lors de la mémorable affaire du *Helder* en Hollande, le 14 vendémiaire an VIII (mois d'octobre 1799), n'ont pas été compris dans cet échange, par la volonté expresse du cabinet de Londres ? Enfin, Alexandre Ier. pourroit-il oublier que Bonaparte, alors, *premier Consul*, a renvoyé dans ses états sept mille russes sans échange et sans rançon, et que préalablement à leur départ, il les a fait habiller, et a ordonné qu'ils fussent traités et nourris honorablement tant qu'ils seroient en France : l'histoire de la grande Bretagne nous offre-t-elle un trait de cette espèce ? au contraire, il est prouvé qu'en Hollande, les anglais ont sacrifié les russes pour se sauver eux-mêmes.

solde pour en imposer, s'il ne pouvoit pas amener tout à son but. La politique anglaise, qui n'est jamais oisive, a enfanté ce dernier système, qu'elle vient de mettre au jour ; tous les argumens de ces savans politiques, ne sauroient démontrer sa conduite sous d'autres faces que celles de la tyrannie (1).

Si l'anglais veut opprimer, si l'anglais veut se faire craindre, enfin si l'anglais s'assure de grosses armées sur mer et sur terre, dans la paix la plus profonde, il annonce qu'il veut en imposer à la République générale, par la crainte ou par la force, et fera tout au plus connoître son ambition; sa puissance doit perdre au lieu de gagner : l'Europe en corps doit être respectée, quiconque ose suivre un autre système doit être humilié; si l'anglais trop fier de sa position et de ses richesses, trop énivré de sa puissance maritime a cru pouvoir dans son île se faire un devoir de jouer tour-à-tour les puissances, le tems qui

---

(1) Je dis que les *savans politiques* de cette espèce, ne peuvent être que des hommes qui se trouvent heureux dans le bouleversement des états, puisqu'ils partagent la doctrine anarchique du gouvernement anglais.

est un grand maître, lui apprendra, qu'on doit se méfier de tous les piéges que l'orgueil nous tend.

Toutes les puissances du Nord ont leur intérêt général, et particulier, qu'aucun pavillon ne prime sur la mer, et que chacun y tienne son rang, sans en imposer ni au foible, ni à celui qui lui est égal ; la liberté du commerce liant la société des hommes et des nations, toutes doivent concourir à garder religieusement cette bonne intelligence qui entretient la bonne harmonie et l'aisance ; le partage des richesses procure aux peuples l'échange des denrées que chacun a de superflu chez lui.

Que deviendroient les peuples, si les lois des nations étoient violées impunément, et qu'on ne connut plus en Europe, que la loi du plus fort ; tout seroit confondu, il faudroit nécessairement revenir à ces tems de barbarie qui dégradent l'humanité : on ne peut être heureux qu'en se respectant et s'aidant réciproquement ; toute l'Europe est donc intéressée à maintenir les lois dans leur première vigueur, et tout doit concourir à en imposer à celui qui ose les violer.

Que deux puissances par jalousie ou par intérêt essayent de se détruire ou de s'abais-

G

ser; qu'elles mesurent leurs forces avec opiniâtreté et même avec aigreur, cette démarche n'a rien de contraire au droit des gens, ni à celui de la société ; mais qu'une des deux engage une guerre, sans qu'elle soit revêtue des solemnités convenues dans l'Europe policée, je décide sans hésiter, qu'elle offense non-seulement celle qu'elle attaque, mais qu'elle donne une atteinte à la liberté du corps général de la République.

Pour convaincre toute l'Europe que l'anglais est l'agresseur, on n'a qu'à examiner si la France trouvoit quelques avantages dans une pareille querelle : elle n'avoit pas de gloire à espérer en mesurant ses forces maritimes, avec celles de la Grande-Bretagne, elle n'avoit pas de conquêtes à faire, donc cette puissance ne pouvoit pas absolument s'engager dans une guerre ; l'Angleterre au contraire ne voyoit dans son entreprise aucun danger, ni pour sa gloire, ni pour ses établissemens, puisqu'elle ne vouloit qu'engager une guerre sur mer. Si rien ne pouvoit contrebalancer les avantages que la nation anglaise espéroit de ses hostilités, on peut juger, quoiqu'en dise l'anglais, que c'est son pavillon qui a commis les premières insultes, nous avons tant d'exemples de cette conduite de la Grande - Bretagne , que cette démarche ne peut paroître nouvelle aux yeux de l'Europe ; on dira peut-être qu'il est étonnant que la république générale ait souffert dans bien des occasions des démarches aussi hardies et aussi offensantes , la politique des états, le bien et la tranquillité, qui fait celui des peuples, tout doit avoir déterminé les souverains à souffrir de pareilles incartades, mais trois ou quatre cent vaisseaux, ou neuf mille matelots pris aux français sans aucune déclaration de guerre, la plus grande partie enlevée dans des ports neutres , asiles regardés jusqu'à ce jour comme sacrés, forcent le Monarque Français à ne plus dissimuler sa vengeance. En se faisant justice de l'insulte qui lui a été faite, il travaille à faire respecter toutes les nations qui ont été offensées.

L'Anglais a beau faire , il ne donnera pas le change sur ses desseins ambitieux, toute l'Europe voit que l'anglais veut opprimer et anéantir , s'il le pouvoit, toutes les branches de commerce que les puissances de l'Europe font en Amérique et dans les Indes ; sa conduite et ses grandes dépenses sont toutes dirigées vers ce but, c'est une leçon qui doit faire ouvrir les yeux à tous les souverains, et qui demande une exacte attention pour ne pas laisser monter la puissance Britannique jusqu'au point où elle aspire.

Il ne suffit pas qu'elle ne fasse dans le moment présent aucun mal aux puissances du Nord, il faut que celles-ci évitent, par leur prévoyance, qu'elle puisse leur en faire dans la suite ; la démarche impérieuse de 1723, que nous avons déjà citée, annonce au Dannemarck, à la Suède et aux villes Anséatiques, le ton de supériorité et imposant que la Grande-Bretagne prend ; une seconde tentative de pareille nature apprendroit à la mer Baltique qu'elle devroit se conformer aux volontés de la Grande-Bretagne ; un danois gémit de voir sa patrie en danger d'être opprimée : la sagesse des puissances du Nord doit prévenir ce malheur.

De l'Espagne.

Cette formidable monarchie d'Espagne se trouve réduite aujourd'hui dans un état de langueur, qui la menace d'une maladie incurable, si elle ne met en usage des remèdes assez puissans pour sapper le vice du mal qui la ronge imperceptiblement ; cette fièvre lente peut mener le corps à la destruction, si l'on n'applique des remèdes efficaces ; les palliatifs ne détruisent pas la paralysie, il faut des topiques pour redonner au corps de la monarchie espagnole la force qu'elle peut retirer des membres qui lui restent pour se garantir de la tyrannie dont elle est menacée.

Si nous voulions porter nos vues sur ces tems de splendeur où la monarchie espagnole étoit gouvernée par la branche aînée de la maison d'Autriche, nous verrions que ses volontés furent pendant quelques tems des lois pour toutes les puissances de l'Europe; ces momens passagers que la fortune donne à l'ambition ne sont qu'illusoires, une fatale expérience a prouvé, après la mort de Charles-Quint, que la terreur qu'un roi répand vis-à-vis de ses voisins, ne peut être de longue durée, et ne peut tout au plus qu'aliéner les esprits qui détestent le joug; les mines du Mexique et de Potosi peuvent asservir des puissances précaires, qui se laissent éblouir par l'appat de quelques millions donnés à propos, mais celles qui ont des ressources dans leurs propres états veulent des amis et non des maîtres.

Ce projet de la monarchie universelle de notre continent chrétien, commencé par Charles-Quint, mal soutenu par Philippe III, qui, de son aveu sacrifia quinze cent millions, pour asservir l'Europe, n'aboutit qu'à conquérir le Portugal. Philippe III régna sans porter plus loin ses vues, et vit toujours tomber son royaume dans l'épuisement; le commerce échappe des mains des espagnols, et l'or du Pérou devint le partage de tous les marchands de l'Europe; l'Amérique espagnole, malgré les lois sévères du Monarque, prodigua ses richesses aux négocians de France, d'Angleterre, du Nord, et de l'Italie, c'est donc pour eux que le Pérou et le Mexique ont été conquis; la monarchie espagnole ayant perdu son commerce devint sous Philippe III un vaste corps sans substance, la force réelle lui manquoit, ainsi que le nerf pour la faire mouvoir : la transplantation de ses sujets, que l'appât du gain attiroit dans le nouveau monde, perte réelle dans l'espèce des hommes, l'abondance des richesses, passée dans des mains étrangeres, en furent les principes.

Philippe IV hérita d'un royaume foible, et presque épuisé : il perdit le Portugal, le Roussillon, la Catalogne, et le laissa dans le même état de décadence où il l'avoit trouvé. Tous ces coups portés à la monarchie espagnole, ne lui laissèrent pas seulement l'espoir de pouvoir jouir paisiblement de ses domaines;

quatre générations passées, éloignèrent bien le projet ambitieux que Charles-Quint avoit de donner des fers à tous ses voisins ; tous les princes doivent voir que toute puissance qui veut imposer des lois, et tendre à la tyrannie, risque, non-seulement la haine générale, juste récompense de l'orgueil, mais doit craindre de perdre toute sa considération et sa puissance.

Les démembremens de la monarchie espanole, se trouvoient incorporés dans les différens états de la république générale de l'Europe : les traités de paix qui les ont assurés aux puissances qui en jouissent, ne peuvent lui laisser aucun espoir, ni aucune envie de les revendiquer, que dans le cas où des guerres injustes mettroient l'Espagne en état de profiter des lois de la guerre, pour rentrer dans ses anciens domaines. Cette puissance qui a tant perdu, est encore si respectable, que si elle maintient ses droits, elle entre pour beaucoup dans la balance de l'équilibre.

L'Angleterre, fut constamment liée avec la France, pendant tout le tems qu'elle crut que cette alliance lui étoit nécessaire pour abaisser la branche aînée autrichienne ; l'amitié avoit moins de part à leur union que l'intérêt commun qu'elles avoient de réduire la monarchie espagnole, au point où elle devoit être ; si ce système a été utile et avantageux à l'anglais, ne trouveroit-on pas une nécessité d'état qui forceroit l'Espagne, et la France à réunir leurs forces, pour remettre l'anglais à la place où il doit être pour la juste balance de l'équilibre.

Si l'Espagne consulte ses véritables intérêts, on doit présumer qu'elle ne sauroit s'empêcher de prêter ses forces, dans la conjoncture présente, à la france, pour apprendre à l'anglais, à ne pas insulter avec impunité toutes les puissances qui ont droit de naviguer ; car enfin, si la bonne foi, et les conventions solemnelles qui ont été promises formellement par les traités généraux et particuliers pour la sûreté du commerce sont violées par le caprice d'une nation qui pille, sans aucune formalité, tous les vaisseaux marchands qui font leur commerce avec confiance ; si elle les prend dans des ports neutres, comme il est arrivé dans cette dernière infraction. L'Espagne doit craindre, si l'Anglais n'est pas réprimé dans une violation de traités qui avoient été sacrés jusqu'à ces jours, d'essuyer le même traitement qui vient d'arriver à la France, à la première querelle que formera l'ambition d'une compagnie de la Grande-Bretagne ; le coup seroit bien plus cruel pour l'Espagne, puisque toutes les puissances qui font le commerce principal de cette monarchie, le font sous le nom des originaires espagnols, qui ont, par cet accord, un profit réel sans courir de grands risques; la bonne foi violée une fois, sur de pareils engagemens, pourroit déterminer les puissances à une autre forme de commerce, dans ces mêmes parties, qui porteroit un coup mortel à la monarchie espagnole (1).

---

(1) En 1792 aucune puissance n'avoit plus de droit que l'Espagne de déclarer la guerre à la France, en raison du sort que l'on préparoit au dernier roi des français ; or, dans le mois de décembre de cette année, le Roi d'Espagne déclara officiellement à la convention nationale, qu'il garderoit la plus grande neutralité dans la coalition qui se formoit contre la France, si on conservoit la vie à l'infortuné Monarque. Loin que la convention accueillit ce message, elle conçut au contraire le projet de déclarer la guerre à CHARLES IV°, et cette déclaration fut officielle le 7 mars 1793. A peine deux années furent-elles écoulées que le Roi d'Espagne sentit la nécessité de faire cesser le fléau de la guerre : et un traité de paix, en date du 22 juillet 1795, réconcilia ces deux puissances qui, comme le dit fort bien le *politique danois*, devroient être constamment unies contre l'ambition connue du gouvernement anglais, mais si on vouloit entrer dans le détail des torts que l'Angleterre a eu, et a journellement,

Qu'il naisse quelques divisions entre la France et l'Espagne, l'anglais mettra à profit des mo-

envers l'Espagne, ou feroit un volume comme celui intitulé, *conduite de l'Espagne comparée à celle de l'Angleterre dans la présente rupture de la paix*, dont la publication vient d'être autorisée par le prince de la paix, généralissime des armées espagnoles : je me borne seulement à citer la capture des quatre frégates espagnoles faite par les anglais le 5 octobre 1804, sans aucune déclaration de guerre préalable; au mépris du droit des gens et contre toutes les convenances usitées parmi les puissances civilisées ; enfin, pour donner une idée de comparaison des sentimens du gouvernement anglais, avec ceux du gouvernement espagnol, citons le trait suivant connu et avéré par l'histoire.

En 1746, l'Espagne et l'Angleterre étoient en guerre : un capitaine de vaisseau prêt à périr par l'effet d'une grande tempête; gagna avec beaucoup de peine le port de la *Havane*, et se faisant conduire chez le gouverneur, il lui dit : « je viens, monsieur, vous livrer
« mon vaisseau, mes soldats et moi-même, et ne vous
« demande que la vie, ainsi que celle de mon équi-
« page. — Non, monsieur, lui répondit le gouver-
« neur espagnol, il seroit déshonorant tant pour moi
« que pour ma nation, d'abuser de votre malheur : en
« pleine mer, ou sur nos côtes, et sur-tout après un
« combat, votre vaisseau seroit de bonne prise, mais,
« battu par la tempête et prêt à périr, nous ne voyons
« en vous que des hommes; vous êtes malheureux, et

mens qu'il désire avec tant d'ardeur; une pareille faute, dans les cabinets, seroit suivie d'un démembrement de quelques parties du commerce, de la monarchie d'Espagne, qui lui feroit un tort irréparable : dans les tems heureux de sa splendeur, elle pouvoit essuyer des échecs impunément, les ressources se trouvoient avec facilité dans ses propres fonds; mais si elle est de bonne foi, elle conviendra qu'elles ne peuvent plus être puisées dans ses propres forces, une alliance ferme et solide avec la France, peut assurer la liberté de son commerce, et ne lui laisser aucune crainte contre des invasions qu'on auroit projetées sur quelqu'une de ses colonies. Toute l'Europe est intéressée, que l'Espagne conserve, dans la forme de son administration, les richesses qu'elle possède, si elles sont partagées parmi tous les membres commerçans. Il est de l'intérêt géné-

---

« tous nos secours vous sont dus : faites radouber
« votre vaisseau, trafiquez même ici, si vous voulez,
« pour en acquitter les frais, si vous refusez que je
« m'en charge, comptez même à votre départ sur un
« passeport jusqu'au delà des *Bermudes* : en attendant
« faites-moi l'honneur d'accepter un logement chez
« moi ».

ral que l'ambition anglaise n'entame pas une régie reversible à tous les Européens.

Tous les siècles nous ont fourni des révolutions d'état; de grands changemens occasionnés par des guerres sanglantes; nouvelle forme de politique; renversement de religion; des puissances abaissées; tous ces malheurs sont attachés à l'humanité, et font partie des causes secondes; mais nous ne trouvons pas depuis que l'Europe a été policée, et que les puissances sont convenues entr'elles d'une forme d'administration relative aux différens intérêts qui lient la société, qu'on ait violé les traités avec si peu de ménagement et si peu de respect, pour le corps de la republique générale, qui exige que personne ne s'écarte des conventions qui ont été solemnellement prescrites à tous ses membres; cette nouveauté qui est sous nos yeux, porte l'empreinte de l'insolence, et l'orgueil qui a dicté une démarche si hardie, annonce à l'Espagne plus qu'à toute autre puissance ce qu'elle doit attendre, si elle ne prête ses bons offices, pour faire respecter à l'anglais des lois sacrées qui ne peuvent être violées sans porter un coup mortel à tous les contractans (1).

―――――――――

(1) Si le politique danois existoit en 1805, s'il calcu-

Il n'y a aucun siècle qui n'ait fourni de grandes révolutions ; il ne s'en trouve aucun, non plus qui n'ait eu des hommes d'état, et de guerre qui se sont rendus célèbres ; la politique et la guerre sont les deux professions qui tiennent la première place dans le cœur humain ; il est des ministres qui voudroient que l'Europe eut toujours les armes à la main ; il en est qui ne sont occupés que de politique, et de négociations ; il seroit bien difficile de porter un jugement juste pour décider lequel des deux partis est le meilleur, et on ne sauroit en asseoir un solide sur une

---

loit la politique de l'Angleterre depuis douze ans, principalement, il verroit non-seulement la violation des traités, et le brigandage des pirates anglais, mais il verroit encore le sang humain couler par des guerres injustes, par la perfidie et l'espionage. Il verroit les Smith, les Drack, les Taylor, etc., avilir le caractère de ministres, par leurs sourdes menées.... Il auroit vu les poignards dirigés contre le chef du gouvernement français ; . . . il auroit vu hélas ! la fin tragique de ce souverain indien (Tipoo-Saïb) ! ! . . ainsi, sacrifier Tipoo-Saïb, pour s'emparer de son trône ; spolier ses trésors, solder des agens corrupteurs et des troupes étrangères, mettre, enfin, l'Europe en feu, par une guerre continentale, pour détruire la France, voilà *l'esprit du gouvernement anglais.*

matière aussi délicate ; il est seulement permis de penser qu'un ministre qui ne porteroit pas toutes ses vues au bien de l'état et à la gloire du souverain se feroit un tort infini ; mais s'il regarde avec des yeux de désintéressement tous les objets qui se présentent, et qu'il sache fixer le plus avantageux au bien général, il mérite non-seulement des éloges, mais il trouvera l'immortalité des a grandeur, dans la postérité (1).

Le cabinet de Madrid pourra-t-il voir tranquillement la France et l'Angleterre, les armes à la main, sans se déterminer à prendre connoissance de leurs querelles ; il semble que la harangue du roi d'Angleterre annonce à l'Europe qu'il est le maître du ministère espagnol ; si on en jugeoit par le discours de ce Monarque, on seroit forcé de croire qu'il seroit plus convaincu du raisonnement anglais et de ses négociations, que du bien réel de l'état ; le tems qui est un grand maître, nous

---

(1) La postérité jugera sans doute les ministres anglais qui gouvernent depuis plusieurs années ; l'histoire fera connoître à nos neveux les noms de ces hommes qui s'honorent du titre *de politique adroit*, et qui sacrifient tout, même l'intérêt et l'honneur de leur nation, à leur despotisme maritime.

découvrira si la conduite des ministres d'Espagne, exige qu'ils ne se décident pas trop légèrement dans l'impuissance d'une guerre, qui semble menacer l'Europe d'un embrâsement général ; on doit espérer que la monarchie espagnole verra que le bien public demande qu'elle prenne une autre route que celle que l'Angleterre assure qu'elle doit tenir dans les circonstances présentes ; on doit s'en rapporter au bien de la nation pour être persuadé que le cabinet décidéra en sa faveur malgré l'intrigue des puissances maritimes.

Le commerce que l'Espagne fait, est si fort subordonné que si une puissance de l'Europe prenoit trop le dessus sur la mer, il en résulteroit un dépérissement qui, dans la révolution d'un demi siècle, entraîneroit la monarchie espagnole dans la triste situation de n'avoir pour tout droit que le titre de souverain ; si ce royaume s'est épuisé par ces conquêtes du nouveau monde, il doit travailler à recueillir une partie des revenus qu'il procure aux Européens ; l'Espagne a-t-elle dans ses mains des ressources suffisantes pour opposer à la tyrannie anglaise un bouclier qui arrête les coups réitérés qu'elle lui porte ? La politique nous démontre que l'Espagne ne sauroit résister aux secousses qu'elle essuye journellement de l'ambition anglaise.

Déjà l'Angleterre dans des tems moins malheureux pour l'Espagne, que ceux qui sont sous nos yeux, a forcé le ministère espagnol de céder des priviléges exclusifs à la Grande-Bretagne, lesquels attaquent la branche du commerce de l'Amérique dans toute son étendue; que ne doit-elle donc pas craindre, si l'anglais parvient à cet empire des mers, qui mettroit sa puissance en état de dicter au cabinet de Madrid ses suprêmes volontés; et si l'anglais n'a plus besoin de garder aucun ménagement, l'Espagne ressentira ce que peut la tyrannie la plus démesurée.

L'ambition de la puissance maritime force par sa conduite irrégulière la France et l'Espagne, à entretenir la plus étroite intelligence; les combinaisons les mènent à parvenir à l'équilibre, et à la dignité des souverains, et leur grandeur dépend du système d'alliance qu'elles contracteront ensemble à perpétuité. Les barrières qui assurent à ces deux royaumes, que l'esprit des conquêtes ne peut ni ne doit jamais altérer cette harmonie heureuse,

leur

leur dicte la nécessité de cette union ; les possessions du nouveau monde doivent faire le point essentiel de leur politique ; la France ne sauroit perdre en Amérique, sans que l'Espagne ne soit blessée du même coup, et la puissance française ressentiroit à son tour les malheurs qui entameroient ces parties du nouveau monde occupées par l'Espagne ; la nécessité de se protéger les oblige, donc, à une union qui balance la puissance maritime, et toute division causée par l'intérêt, la jalousie ou la rivalité seroit opposée à la gloire des Monarques et à l'avantage de leurs sujets ; ces raisons sont-elles sensibles ? donc il faut croire que la cour de Londres a mis en avant un projet d'alliance avec la cour de Madrid, qui n'est fondé sur aucune apparence, et que le Monarque anglais flatte sa nation d'une neutralité, ou d'un espoir de réunion de forces, qui seroit diamétralement opposée, non seulement aux intérêts de la nation espagnole, mais même nuisible à la république générale de l'Europe; ce Monarque a-t-il voulu par cette harangue effaroucher la France, ou lui donner des soupçons sur la politique du cabinet de Madrid, pour l'engager à quelque démarche qui tendît à une rupture ? Les ressorts que l'Angleterre met en mouvement pour nuire à la puissance française sont si fort multipliés que le cabinet de Versailles a raison de soumettre au tems le jugement qu'il doit porter sur tous les écrits qui partent de cette île ambitieuse.

Une puissance qui a trop perdu dans des tems malheureux ne doit-elle pas mettre à profit tous les momens favorables qui se présentent pour revendiquer ses droits, sans porter atteinte aux privilèges dûs aux traités ? c'est un usage reçu et qui ne laisse aucun soupçon d'ambition ni d'inquiétude, dans la conduite d'un souverain qui profite des fautes dans lesquelles tombe celle qui engage une guerre injuste. Gibraltar et Port-Mahon ne mériteroient-ils pas toute l'attention de la monarchie d'Espagne ? Il doit être bien cruel pour elle de nourrir dans son sein, une partie de peuples qui n'aspire qu'à son abaissement ; les préjugés auront-ils toujours un pouvoir insurmontable ! Des hostilités, commises par l'Angleterre, inouies jusqu'à nos jours, permettent bien au cabinet de Madrid de prendre Gibraltar, contre les lois ordinaires de la guerre, et nulle puissance de l'Europe ne doit trouver, dans cette nouvelle façon d'attaquer une place, rien de contraire au droit des gens.

L'Anglais veut de la nouveauté dans la République générale ; que l'Espagne lui fournisse dans la prise de Gibraltar, une nouvelle façon de faire les sièges, c'est une affaire de calcul et la combinaison est mathématique ; l'Espagne a entre ses mains un projet infaillible, pour prendre Gibraltar, que l'Anglais croit inattaquable, par son chandelier hérissé d'artillerie depuis le bas jusqu'au sommet ; cette erreur est si grande, qu'on ne peut attribuer les délais de la conquête de cette place qu'à la modération de l'Espagne, qui aimoit mieux vraisemblablement attendre des tems favorables pour obtenir ce boulevard par des négociations, que par une guerre qui auroit coûté trop de sang ; le moment n'est-il pas venu, où elle doit mettre à côté toutes les horreurs qui suivent un siège meurtrier ? le projet de l'attaque conserve le sang de ses sujets ; si l'anglais veut conserver celui des siens, il rendra cette place à ses premiers maîtres, et à son légitime souverain.

Toute l'Europe connoît le plan d'attaque qui a été donné, et qu'on va rapporter ici en peu de mots. L'Espagne n'a qu'à établir une école d'artillerie vis-à-vis Gibraltar, et décider qu'elle y restera jusqu'au moment qu'il ne sera plus ; en supposant qu'il faille, pendant huit mois, jetter dans cette place huit cent comminges par jour, nous trouvons une dépense bien médiocre pour l'anéantir, deux cent mille bombes doivent suffire pour cette opération ; c'est un objet de deux cent mille louis, en cavant au plus fort ; pareille somme pour payer l'extraordinaire de l'armée qui formera ce siége, le tout ne se monte qu'à huit millions huit cent mille livres au plus, pour la destruction de ce boulevard ; qu'importe à l'Espagne que les voyageurs disent : voilà où étoit Gibraltar ; elle pourra la rebatir à son gré si la nécessité de l'état l'exige ; le point essentiel est que l'anglais n'ait point d'établissement sur son continent. La conquête de Port-Mahon n'est pas d'une assez grande conséquence pour qu'elle y trouve des difficultés ; cette opération sera facile, quand le cabinet de Madrid voudra bon jeu, bon argent en faire l'expédition ; c'est un coup de main qui doit être vigoureux, et pour lequel trois ou quatre mille hommes ne doivent pas être ménagés.

Si une fois pour toutes, les puissances de l'Europe s'entendent, pour que l'Angleterre ne possède rien hors de son continent, comme cela devroit être, elle se maintiendra dans ses justes bornes, et la navigation ne sera pas assujetie à reclamer sur les côtes d'Espagne, la protection de la Grande-Bretagne : cela est d'une si grande conséquence, que le commerce qu'on fait sur la Méditerranée trouve des entraves dans toutes ses spéculations. Qu'on rende la mer libre, que chaque souverain ait le droit de disposer de ses bienfaits, en faveur de tous les habitans du monde, et qu'il ne se trouve pas dans la dure nécessité de souffrir dans sa famille des enfans étrangers qui ne connoissent ni sa volonté ni ses ordres; on ne peut acheter trop cher un pareil bonheur; tout esclave cherche à briser ses chaînes, celles de l'Espagne sont trop lourdes; le tems est venu où elle doit sortir d'esclavage : l'insulte faite au pavillon français contre tous les droits de la société, annonce à l'Europe que tout ménagement cesse vis-à-vis la cour britannique.

Le ministère espagnol ne peut pas se dissimuler les vues d'ambition qui rongent la puissance britannique vis-à-vis de ses possessions en Amérique : je ne porterai pas mes recherches au tems de splendeur où, Olivier Cromwel étoit protecteur de ce royaume (homme qui seroit dans l'histoire trop grand et trop illustre, s'il n'avoit pas souillé ses mains dans le sang de son roi): on connoît les desseins qui avoient été formés par ce grand génie pour enlever l'Amérique à l'Espagne, il y auroit réussi, sans un avis qui fut donné à propos au cabinet de Madrid ; il en coûta à cette puissance la Jamaïque qui fait un des plus beaux, et des plus florissans etablissement de la Grande-Bretagne dans le nouveau monde.

Les années mil-sept-cent-vingt-trois, et mil-sept-cent-trente-neuf, sont des époques si près des événemens d'aujourd'hui, que l'Espagne ne sauroit les avoir oubliés ; l'anglais a fait sentir dans ces deux occasions, qu'il ne connoît vis-à-vis cette monarchie, que le droit de la force, et que les négociations ne sont d'aucune valeur quand il s'agit de l'agrandissement de son commerce : un vaisseau de registres est pour lui un magasin inépuisable qu'il fournit à l'Amérique ; il en tire par échange les matières les plus précieuses; y a-t-il dans ce commerce illicite quelque avantage pour la puissance espagnole ? A-t-elle accordé un interlope si désavantageux au commerce de ses sujets, volontairement ? La politique auroit été surprise ; il faut donc décider que l'anglais a obtenu par la force ce qu'il ne pouvoit espérer par les négociations ; il savoit bien qu'un vaissseau de registres lui fourniroit, lorsqu'il en auroit envie, des moyens de chicane qui le meneroient à arracher de l'Espagne, dans une autre secousse, une nouvelle portion de commerce, qui le rendroit dans la suite maître absolu des richesses du nouveau monde.

L'Espagne s'est-elle persuadée qu'elle pouvoit se suffire par l'établissement de quelques manufactures? sa politique a pris l'ombre pour le corps ; une puissance ne peut parvenir à l'indépendance qu'après avoir pourvu ses ports d'une assez grande quantité de vaisseaux pour transporter tous les effets, et marchandises susceptibles d'être négociées; il faut des vaisseaux de guerre en assez grande quantité pour assurer les convois, et protéger dans tous les parages la marine commerçante à la faveur de la marine militaire ; quant aux armées de terre, l'Espagne peut en avoir suffisamment, n'ayant rien à craindre du côté de la France pour son continent, cette dépense n'est pas d'une nécessité absolue; son objet principal doit porter sur l'établissement d'une marine, qui soit au moins en état de balancer la puissance maritime : ce n'est pas là, ce que nous connoissons aujourdh'ui de la politique espagnole ; si l'anglais est si tranquille à son égard, c'est qu'il voit bien que son ministère ne peut pas agrandir son commerce par des manufactures, qui ne sont pas assez protégées sur la mer : c'est cette puissance qui peut seule rendre à l'Espagne son lustre, sa grandeur, et l'autorité qu'elle peut espérer, ayant la plus riche partie du nouveau monde soumise à ses loix.

Il importe peu à la Grande-Bretagne que l'Espagne fasse fabriquer des étoffes de soie et de laine ; l'anglais a son magasin, qui fournit, perpétuellement, des marchandises de la même nature ; lesquelles prévaudront toujours, puisqu'il saura en diminuer à propos les prix, pour quelles soient préférées à celles du crû d'Espagne ; il peut donner les marchandises de ses fabriques à trente pour cent meilleur marché ; il gagnera encore, lorsque les Espagnols se trouveront à découvert dans leurs négociations ; cela est si sensible, qu'il est surprenant que les ministres espagnols n'ayent pas senti la nécessité forcée dans laquelle ils se trouvoient, de commencer leur opération d'une marine assez respectable, pour empêcher une contrebande qui détruit le fondement de leurs projets, commencés par l'endroit par où ils devoient finir; les manufactures doivent trouver à leur naissance assez de forces navales, pour qu'elles n'eussent à craindre aucune rivalité dans les colonies espagnoles, par l'abondance des marchandises de même nature qui y sont toujours circulantes, à la faveur des interlopes, si l'Espagne avoit une marine telle qu'elle devroit l'avoir; le commerce illicite de l'Angleterre, ne prendroit pas le dessus, et dès-lors les manufactures, et l'industrie des sujets espagnols trouveroient l'avantage que leur gouvernement propose, dans la nouvelle forme d'administration.

Que le ministère espagnol sonde la politique de toutes les puissances qui commercent dans ses établissemens du nouveau monde; qu'il consulte ces nombreux négocians, qui ont des maisons à Cadix, Bilbao, Grenade, Valence, et Barcelonne; on lui dira que l'anglais est le facteur de toutes les nations commerçantes dans ces contrées, tandis qu'on ne devroit connoître que le pavillon espagnol: l'anglais a donc pris un trop grand ascendant sur l'Espagne, pour profiter avec tous les Européens de l'industrie que chacun porte dans le partage des richesses du nouveau monde; l'Espagne croit que les étoffes fabriquées dans les différentes parties de l'Europe, n'auront plus leur issue, ayant établi des manufactures, et refusant de mettre sous son pavillon le transport de ses marchandises; qu'elle se désabuse; l'anglais les mettra sous le sien, et gagnera ce qu'elle gagnoit : les Européens perdront douze, quinze pour cent, trente, si on veut, et le profit sera reversible à la puissance britannique qui sait profiter de toutes les fautes, qu'on fait dans la partie du commerce, et mener à son avantage les projets que l'Espagne forme, dans ses nouveaux établissemens de manufactures.

Que l'Espagne essaie de mettre sa marine sur le pied qu'elle devoit être; elle verra l'anglais, dans l'instant, prendre connoissance de cette partie de l'administration, bientôt, elle éprouvera ce que peut sa jalousie, lorsqu'il est question de s'assurer par la protection de ses forces, la liberté du commerce. Je renvoie la politique espagnole à ce coup d'essai, elle sentira alors l'obligation où elle est d'entretenir une amitié, et une alliance avec la France, qui la mettra en état de conserver ses droits, ses privilèges, et ses possessions.

Si l'Espagne parvient à faire, par elle-même, la principale partie de son commerce, et que l'anglais soit au niveau des autres nations pour le partage des richesses, elle trouvera, dans cette égalité, un bénéfice suffisant pour le rétablissement de ses forces maritimes : le commerce bien rétabli, ramenera dans ses états l'abondance, et soutiendra ses manufactures. Tous ses royaumes partageront les profits que la contrebande continuelle qu'on fait, par le moyen des interlopes, leur ôte. C'est le revenu le plus clair, et le plus solide qui est enlevé aux sujets espagnols, par un commerce si illicite et si irrégulier, que l'Espagne doit absolument travailler à le détruire. Alors, point de marine, aucun espoir de remédier au vice ; sinon, les royaumes d'Espagne resteront dans la langueur, et l'impuissance de faire fleurir l'industrie.

L'article des nègres auroit dû fixer l'attention principale de la politique espagnole : si les fonds qui ont été employés pour l'achat de ces esclaves, l'avoient été à mettre une bonne marine sur pied, l'Espagne ne seroit pas assujettie à les recevoir de la compagnie anglaise ; c'est un objet si considérable, qu'on ne sauroit faire trop de dépense pour ramener au profit de l'état, une branche de commerce si essentielle, si lucrative; c'est un enchaînement de nécessité, qui rend toujours le royaume d'espagne dépendant d'une compagnie anglaise; considération qui auroit dû, depuis long-tems, déterminer le ministère espagnol à sortir de cette dépendance.

Je supplie l'Espagne de prendre une balance, et de peser sa situation et ses forces, vis-à-vis de la puissance maritime; si elle est de bonne foi, elle conviendra de la nécessité où elle se trouve de rétablir sa marine expirante. Elle ne le peut qu'en formant une alliance avec la France, qui a les mêmes intérêts; si l'amitié ne menoit pas ces deux puissances à cette union, des raisons d'états et d'intérêts respectifs, pour leur gloire, et leurs possessions, les y obligent; un partage égal de la navigation est indispensable pour la tranquillité et le bien de l'Europe : elle dépend de la bonne intelligence des cabinets de Versailles et de Madrid (1).

---

(1) Il est donc bien démontré, combien grand, est l'intérêt de l'Espagne de s'unir étroitement avec la France pour arrêter les vues ambitieuses du cabinet de Londres. Ainsi, les cabinets des Tuileries et de Madrid, ne doivent faire qu'un.

Le Portugal.

Ce Royaume a essuyé des révolutions si surprenantes, qu'il semblera toujours incroyable à la postérité qu'il se soit soutenu étant si voisin de l'Espagne, et ayant été pendant des siècles, une province de cette monarchie; sa situation lui a valu, pendant long-tems, la haute considération dont il a joui dans l'Europe, par l'habileté de ses commerçans; les portugais ont fait les principales découvertes du nouveau monde, ils ont eu dans leurs mains tout le commerce des Indes, ils renfermoient dans leur port de Lisbonne le magasin général de l'Europe; cette ville, qui a été si puissante, a vu fuir, par la négligence de ses ministres, différentes branches de commerce, et a perdu insensiblement son lustre, ses richesses, ses manufactures, son agriculture, et par conséquent, son indépendance.

Lisbonne, comme tributaire de la puissance britannique, peut à peine suffire à ses besoins, avec tout l'or du Brésil; l'anglais a su, par son habileté et par l'industrie de son commerce, ramener à lui toutes les richesses que le Portugal retire de ses mines; le Portugais n'est pas plus maître de ses richesses, qu'un esclave l'est du revenu du domaine de son patron : l'anglais lui fournit le nécessaire pour la vie, l'habillement, l'aisance et le luxe ; une puissance qui reçoit sa subsistance et tout son nécessaire d'une main étrangère, doit dépendre sans difficulté de sa bienfaitrice ; et le Portugal languit au milieu de l'opulence : ses véritables richesses se trouvent dans l'agriculture et dans l'industrie des sujets, qui peuvent par leur travail se passer de leurs voisins pour la subsistance, et pour le vêtement (1).

---

(1) Pour nouvelles preuves, sur ce que dit ici le *Politique Danois*, on peut citer le moment critique où se trouva le Portugal au mois d'août 1797. Désirant imiter l'Espagne, la Reine de Portugal envoya à Paris un plénipotentiaire pour traiter de la paix : le traité fut signé le 23 août 1797, mais l'Angleterre ne l'ayant pas sanctionné, la Reine n'osa pas le ratifier ; ou plutôt n'osa pas renvoyer treize vaisseaux anglais, qui étoient alors dans le port de Lisbonne ; or, l'état de guerre ne cessa pas, parce qu'un article de ce traité, portoit que « le port de Lisbonne ne pourroit recevoir « plus de trois vaisseaux appartenans aux puissances « alors, en guerre, avec la France ». Tout a un terme : la France étroitement unie avec l'Espagne ne pouvoit voir, de sang froid, le Portugal sous le joug du gouver-

Le luxe et le superflu n'absorbent pas les richesses d'un royaume, ils animent au contraire l'industrie, et mettent une circulation dans le commerce, qui donne l'aisance à tous les membres de l'état; il seroit difficile de découvrir le vice qui a mené à la dépendance un peuple qui étoit laborieux, belliqueux, industrieux, clairvoyant, et profond dans les sciences; en un mot, les portugais sembloient être placés sous un climat, qui leur donneroit de la supériorité pour bien des choses sur le reste des Européens. Lisbonne est esclave; à quoi attribuer ce malheur qui fait frémir l'humanité? Le mot d'esclave révolte le cœur humain; c'est cependant la si-

---

nement anglais. BONAPARTE, au mois d'août 1800, chargea d'une mission secrète, près le roi d'Espagne, l'estimable général (ALEX.-BERTHIER) (*). Bientôt l'Espagne déclara la guerre au Portugal, par un décret royal en date du 27 février 1801 : la France donna trente mille hommes à l'Espagne, et la guerre ne dura pas un an. Les hostilités cessèrent, par un traité de paix entre le premier Consul et le Prince Régent; ce traité fut proclamé à Paris au mois de janvier 1802. En vain l'Angleterre a-t-elle cherché encore à soumettre le Portugal à sa puissance, car il est resté uni au Roi d'Espagne et à l'Empereur Napoléon.

(*) Aujourd'hui, Ministre de la guerre, Maréchal de l'Empire, etc.

tuation du Portugal : il reçoit des mains étrangères sa subsistance, et son nécessaire ; il n'est donc pas en son pouvoir de se passer de ses voisins.

Si l'anglais a su mettre à profit les fautes que le Portugal a faites en perdant son agriculture, et ses manufactures, il s'est conduit suivant la saine politique, et doit, à l'habileté de ses ministres, la jouissance du revenu des mines du Brésil ; comme une puissance ne sauroit gagner qu'une autre ne perde, l'intérêt et la politique de la grande Bretagne ont toujours obligé le Portugal à des égards, et à une protection ouverte envers elle, afin d'en retirer tous les trésors ; comme elle ne doit qu'à sa science, l'ascendant qu'elle a pris sur les portuguais, toute nation voisine ne peut que gémir dans cette conduite ; et les reproches que les portugais doivent se faire, contre leur politique, sont de n'avoir pas su profiter comme elle des avantages que Lisbonne présentoit ; tous les Européens qui ont la facilité du commerce maritime auroient pu trouver, dans l'oisiveté des portugais, un agrandissement qui seroit relatif à leur position, et l'anglais, trop éloigné,

gné, n'auroit pas joui seul de tout l'or du Brésil.

Si le dernier malheur que Lisbonne vient d'essuyer (1), est assez puissant pour lui faire comprendre la nécessité de rétablir son agriculture, les arts, et les manufactures, elle gagne dans cette malheureuse catastrophe ; que ces peuples deviennent industrieux, qu'ils fouillent la terre, ils trouveront des trésors préférables à ceux du Brésil, et l'abondance des richesses fera d'un peuple dépendant, un peuple libre ; le souverain trouvera une puissance et une grandeur réelle dans les ressources de son état ; l'or du Brésil circulant dans le royaume, y portera la vie, et ranimera ce corps paralitique.

L'Angleterre perd dans cette nouvelle forme d'administration cinquante millions au moins chaque année, qui passent de Lisbonne dans la Grande-Bretagne ; sa pluie d'or, dont elle se vante tant, essuyera un échec qui diminuera son orgueil, et le portugais aura pour amies toutes les puissances de l'Europe, au lieu d'un

_____

(1) Tremblement de terre, arrivé en 1755.

maître qui donne des ordres, souvent trop sévères.

Si le Portugal a ressenti dans son dernier malheur, comme il le doit, les bons offices que ses voisins se sont empressés de lui offrir, il doit être reconnoissant; plusieurs amis sont plus utiles à un état qu'un seul maître. Que le ministère de Lisbonne réfléchisse sérieusement sur cette politique, il profitera de ce cruel phénomène pour ramener à son avantage les richesses, qui passent dans des mains étrangères ; parvenu à ce point décisif pour ce royaume, il peut entrer pour beaucoup dans la balance de l'équilibre de l'Europe, tout l'invite à un parti si sage ; sa position, ses mines, son sol, lui ouvrent, et lui assurent une réussite infaillible, dans un plan qui tend au bonheur de ses sujets, et à la gloire du souverain.

L'Italie.

Il semble que l'Italie soit exposée, par sa position, ou ses richesses, à prendre part dans toutes les guerres qui naissent entre les souverains de l'Europe ; ce pays devroit toujours jouir de la plus grande tranquillité, et ne connoître jamais les horreurs de la guerre ; un nombre de princes, presque tous foibles ; plusieurs républiques qui ont perdu leur principale considération ; la puissance Ecclésiastique, qui n'a d'autres armes à offrir pour ramener les princes à l'union à la paix, que sa politique, et ses bons offices. Toutes ces raisons paroîtroient plus que suffisantes, pour déterminer tous les princes, et les républiques qui composent ce vaste état, à chercher une forme d'administration qui les mit à couvert des malheurs indispensables que la guerre entraîne dans les pays qui en sont le théâtre.

Les droits que les maisons de France et d'Autriche ont acquis dans le sein de l'Italie, ont souvent engagé des guerres funestes, qui ont déchiré ce pays, qui auroit dû, par sa situation, être exempt de partager la haine ou l'ambition de ces deux rivales; des alliances contractées par des républiques, ou des princes particuliers, ont souvent mis l'Italie, dans la nécessité de se joindre tour-à-tour avec l'une ou l'autre des puissances de Bourbon et d'Autriche; de ce vice de politique on a vu plusieurs fois naître une division générale entre tous les membres qui composent le corps de cette république. Des princes y ont perdu leurs états, des républiques leurs libertés ; et les secousses réitérées que la masse a essuyé, a réduit plus d'une fois ce pays si florissant, si beau, si célèbre, dans la désolation et dans le cas d'être menacé de l'oppression. Deux puissances ont forgé, pendant des siècles, des fers pour l'asservir, en travaillant toutes les deux pour la même fin, elles les ont brisés par la crainte où on étoit qu'une des deux ne prévalut, si elle parvenoit à donner la loi dans un pays où il y a tant de ressources. Une troisième seroit plus dangereuse pour la liberté de l'Italie, si elle réussissoit dans ses projets ; c'est la Grande-Bretagne, maîtresse de Gibraltar et du Port-Mahon, son empire est devenu trop puissant sur la méditerranée ; elle travaille sourdement à s'établir dans l'île de Corse, ses menées sont connues ; si elle y parvient, l'Italie n'a plus de liberté, et recevra l'ordre de ses nouveaux maîtres, qui ont l'empire trop dur pour dicter des loix qui soient avantageuses à ces différens souverains (1).

---

(1) Si le *Politique Danois* voyoit en 1756 les menées et les projets du cabinet anglais sur l'Italie, que peut penser en 1805, Napoléon Ier. qui a conquis ce beau pays; qui ne doute pas du regret qu'a l'Angleterre

La guerre de mil-sept-cent-quarante-un lui a appris ce que peut une puissance qui aspire à la domination des mers ; le capitaine Martin, avec une escadre de six vaisseaux de ligne, six frégates, deux galliotes à bombes, se présenta le dix-huit août de cette année, devant Naples : il envoya une lettre du roi son maître au premier ministre, qui défendoit à sa majesté napolitaine de prendre part dans la guerre que son père et son frère avoient avec la maison d'Autriche, pour réclamer les biens de la maison Farnese ; on ne donna qu'une heure au ministre de Naples pour signer sans délai, les volontés de la cour de Londres. Si ce n'est pas un essai de tyrannie le plus formel, c'est au moins une marque de puissance, et d'autorité bien décidée (1).

---

de voir l'Empereur des français aussi puissant ; du désir qu'elle auroit de mettre la France sous le joug des puissances de l'Europe, et, enfin, le désir qu'elle auroit d'exercer, librement, ses pirateries sur toutes les mers, pendant que les souverains du Continent se battoient entre eux : il est donc constant, que Napoléon ne peut prendre de trop grandes mesures pour conserver la paix dans ses états d'Italie.

(1) Si la France se fut rendue coupable d'un pareil trait, l'Angleterre crieroit à *l'infamie*, à *l'ambition*

Venise, autrefois si puissante par son commerce, Venise si riche par son industrie, jalousa toutes les puissances de l'Europe; trop de fierté dans sa prospérité, allarma tous les princes qui formoient la république générale; ils projetèrent sa perte, par une ligue qui est trop connue, pour qu'on la rapporte ici. Personne n'en étoit mécontent, et on ne pouvoit lui attribuer aucune vue d'ambition qui visât à dominer sur ses voisins; on demande qu'avoit fait Venise pour s'attirer la haine générale? elle étoit trop riche et mettoit trop d'orgueil dans ses négociations; elle a cependant perdu son lustre, sa puissance, sa considération, et son crédit.

Si Venise a jalousé les puissances de l'Europe, par l'habileté de son commerce, et l'industrie de ses sujets, qui attiroient trop de richesses dans son sein, de quel œil toute l'Europe doit elle voir la puissance britannique,

―――――

du gouvernement Français : eh bien! le roi de Naples étoit-il souverain d'une puissance formée par des conquêtes? L'état de Naples étoit-il une république, que l'Angleterre vouloit rappeler à la monarchie? L'Angleterre craignoit-elle le souverain Napolitain? Non : mais l'Angleterre profite constamment de ses forces maritimes pour en imposer aux puissances foibles, et à tous les souverains qui ne veulent ou ne peuvent lui résister.

qui est au moment d'engloutir tout le commerce des quatre parties du monde ? elle a deux cens vaisseaux de guerre, dix mille vaisseaux marchands, des ports sans nombre ; les richesses aboutissent toutes au même point ; l'anglais s'en vante, et dit non-seulement et vulgairement, mais dans ses écrits publics. « Nous
« ne permettrons pas que les Républiques d'I-
« talie étendent leur commerce ; que l'Epagne
« améliore le sien ; que la France jouisse paisi-
« blement de celui qu'elle s'est acquise ; nous ôte-
« rons la pêche à la Hollande, elle la rend trop
« puissante ; le Nord doit rester dans l'état où
« il se trouve, qui est un commerce intérieur ».
Tels sont les écrits qui partent de la Grande-Bretagne ; si avec de pareils discours on ne désille pas les yeux à toutes les puissances de l'Europe, il faut croire qu'elles touchent à un moment funeste.

L'Italie doit sentir les malheurs qui la menacent : que l'anglais s'établisse dans un port de son continent, elle recevra l'ordre de son nouveau maître ; il ne lui laisseroit pas seulement le pouvoir de penser aux droits qui seroient légitimement reversibles à ses avantages : si l'Italie voit à quel point l'ambition anglaise a porté ses vues, elle désirera que les puissances de l'Europe y placent des bornes, et n'accordera plus de créance à cette chimère de l'équilibre que cette nation a toujours mise en avant ; le tumulte du parlement d'Angleterre ne peut porter sa voix que dans les airs ; les cœurs ne sont plus susceptibles d'illusion ; la sagesse a pris la place de la frénésie ; *les honorables* membres crioient sans cesse au Roi leur maître, dans leurs délibérations : « maintenez la balance de « l'équilibre, et nous vous donnerons tous les « subsides que vous désirez. » En 1702 le masque tomba, et l'Europe dut connoître que le parlement d'Angleterre remplissoit ses harangues d'un mot séduisant, en demandant cette balance de l'équilibre.

Est-il conséquent dans ses demandes ? Ne portons pas des jugemens légers; nous n'avons pas besoins d'attendre du tems, si ses vues sont conformes à ses discours : suivons sa conduite, et nous verrons ce qui ne peut être caché, ni au présent, ni à l'avenir : l'anglais avoit entrepris la plus cruelle de toutes les guerres, pour donner à l'Archiduc Charles, l'Espagne, le Nouveau-Monde, le Milanais, Mantoue, Naples, la Sicile et la Flandre : tandis que son frère Joseph possédoit l'Empire, la Hongrie, l'Autriche, la Bohême, et tous les Etats héréditaires ; il contenoit sa passion, et ne cherchoit pas le bien général de la République chrétienne, il vouloit mettre les deux puissances d'Autriche, en état de pouvoir porter à la France des coups mortels; peu lui importoit que l'Italie fût livrée aux horreurs des guerres les plus funestes; il espéroit, à la faveur de l'embrâsement, étendre sa domination tyrannique sur toutes les mers, et, par une conséquence juste, ramener à lui toutes les richesses que chaque peuple a droit de se procurer par l'industrie de son commerce (1).

Que l'Europe juge, avec désintéressement, s'il cherchoit l'équilibre de l'Europe dans la guerre de mil-sept-cent-deux ; je laisse à la politique à pénétrer ses desseins ; l'Angleterre s'est conduite suivant son intérêt, espérant de ramener à elle seule, tous les avantages qu'on

---

(1) Si Venise, par son orgueil, a excité les princes d'Italie, à la jalousie, elle ne jouissoit pas moins d'une grande considération dans tous les cabinets de l'Europe, et vouloit en imposer à ses voisins : pénétrée de cet esprit de domination, Venise a paru se liguer contre les français, dans la première campagne d'Italie, et le massacre ordonné et exécuté à Veronne, au mois d'avril 1797, a décidé sa ruine; ce fut alors que le Sénat s'apperçut, mais trop tard, qu'on ne se joue pas, impunément, d'un Conquérant.

peut retirer de l'épuisement des puissances qui tiennent le premier rang dans l'Europe ; elle n'a jamais connu la balance de l'équilibre, que pour en imposer aux esprits foibles, et jetter par-là, les fondemens de la tyrannie la plus décidée ; qu'on examine donc sa conduite, qui prouve évidemment sa politique relative à son ambition ; et qu'elle n'a jamais porté ses vues au bien de la république générale. Le parti qu'elle a pris dans la guerre de la succession d'Espagne ne peut laisser aucun doute sur des faits puisés dans l'expérience.

Les intérêts divers de l'Italie, doivent être étrangers au bien général ; elle peut, si elle veut, prendre un système d'administration qui l'amène à la tranquillité, et prévenir les malheurs que les guerres occasionnent dans les états, où se commettent les hostilités. De grand bien, pour le corps général des souverains, et des républiques de l'Italie, est réservé à des hommes, qui peuvent, en mettant une balance juste entre le pouvoir des Souverains et des Républiques, limiter la puissance, les droits, la souveraineté, et l'autorité que chaque membre doit avoir relativement à ses possessions. Quel bien ! si, dorénavant, l'Italie ne connoissoit jamais les guerres ; ce pays si connu par les conquêtes , en a assez fait dans les siècles éloignés ; l'esprit de la pacification doit avoir la place de cet esprit conquérant, elle ne peut rien gagner dans aucune guerre , et sa politique doit lui inspirer de ne point prendre un parti qui lui attirer des forces étrangères dans son sein ; enfin, si elle veut, elle peut parvenir à ce grand ouvrage digne des éloges de la postérité.

Nous sommes dans un siècle trop éclairé pour qu'il soit besoin de prouver qu'une nation ne peut être heureuse et florissante, sans le commerce ; c'est la base et le pivot qui doivent servir de fondemens à la politique, et toute puissance qui perdra de vue cet objet important, deviendra, quelque ressource qu'elle ait, foible et dépendante.

Les nations qui ont connu, peut être un peu tard la nécessité, où elles se trouvoient d'établir le commerce, chacun dans ses états respectifs, ont passé d'un commun accord pour le bien particulier et général, des traités de commerce et de navigation; ces traités font la loi, et la sûreté de tous les membres de la République générale ; pour en retirer le fruit qu'elles s'en sont proposées ; il faut qu'ils soient observés religieusement, et lorsqu'un des contractans enfreint ces lois fondamentales de la sûreté publique, toutes les puissances doivent être offensées d'une pareille infraction.

Il y a cinq branches sur lesquelles le commerce de l'Europe est établi, le commerce intérieur de chaque état en particulier ; le commerce des Européens entre eux et celui qu'ils font aux Indes, en Amérique, et sur les côtes d'Afrique ; pour rendre chacun de ces commerces ferme et stable, il a fallu que des lois sages les aient mis sous leur protection ; comme elles font le bonheur des peuples, elles ont demandé les soins des plus grands hommes d'état; ce travail si nécessaire, et si important deviendroit inutile, si chaque nation vouloit forcer avec autorité, les barrières mises par les conventions solemnelles des législateurs.

En effet, tout traité devient inutile, s'il est permis au plus fort de l'enfreindre, sans égards ni ménagemens. L'Europe policée retomberoit dans la barbarie la plus funeste, et elle seroit asservie par la puissance, qui ne connoîtroit plus de lois ; il est donc de l'intérêt commun de ramener sous leur autorité tout souverain qui les a violées ; la tranquillité publique, la sûreté du commerce ; la bonne foi, l'asile que chaque nation donne dans ses états, tout exige l'exécution de ces lois : et chaque Souverain doit à sa gloire d'employer ses forces et ses moyens, les faire respecter et leur rendre la vigueur dont elles jouissoient avant la dernière infraction.

Les besoins lient les nations entr'elles ; on va chercher dans le Nord les matières qui sont trop abondantes, et on porte celles qui lui sont nécessaires ; la France, l'Espagne, l'Angleterre, tous les états de l'Europe possèdent quelques richesses particulières, soit qu'ils la tiennent de la nature, soit qu'ils la doivent à leur industrie ; et celles qui ont les climats les plus fertiles, devroient être les plus puissantes, pour la partie du commerce. En jettant les yeux sur la Hollande, on voit que l'industrie, le nombre des vaisseaux marchands, qu'ils ont multipliés à l'infini, lui a donné des trésors immenses, heureux fruit de son trafic, qui peut-être est le plus étendu de l'Europe, elle doit ses richesses, sans contredit, à son habileté à commercer, et directement à la protection des lois, qui lui assurent leur navigation, sans craindre les pirateries.

Les Hollandais profitent de la fertilité de tous les pays où ils étendent leur commerce et leur navigation; les richesses, dont une autre nation ne sait pas faire usage, deviennent leur bien propre; ils transportent, et travaillent chez eux, les laines, les soies, les cotons, les poils et généralement toutes les matières qui peuvent être employées dans les manufactures; leurs villes sont des magasins où ils ont l'art de rassembler les denrées nécessaires aux différens états de l'Europe; il résulte, de là, que la Hollande revendant plus qu'aucune autre nation, fait des profits considérables; celles qui pourroient par elles-mêmes faire le même commerce que la Hollande, perdent les bénéfices et les avantages qu'elles cèdent à l'industrie des hollandais; cette habileté dans le négoce, leur a attiré de grandes richesses, et une grande considération, qui s'évanouiroit si les traités perdoient de leur force, et si une puissance étoit maîtresse de les violer; son intérêt l'oblige donc plus que toute autre nation, de les faire maintenir.

L'industrie cesseroit bientôt d'enrichir la Hollande, si tous les peuples qui ne connoissent pour le transport des denrées, que leurs vaisseaux, prenoient le même parti que l'Angleterre prit en 1660; tous les articles de ce réglement n'ont qu'un seul objet, qui est l'interdiction des ports Britanniques, à tous les vaisseaux, étrangers qui ne sont pas chargés de marchandises crues, ou fabriquées en Angleterre. Par ces précautions elle a fait fleurir son agriculture, ses manufactures; *elle a encouragé l'industrie,* multiplié le nombre de ses vaisseaux, et elle a étendu son commerce à l'infini; sagesse qui auroit dû être imité, depuis longtems, par des nations qui pourroient, par leur situation, se procurer les mêmes avantages. On verra par les différens traités de navigation, combien elle les regardoit utiles et nécessaires, dans le tems que sa foiblesse l'obligeoit de s'étayer de la protection des lois; elle ne les connoît plus; sa puissance et son orgueil lui font oublier ses bienfaitrices.

Si la France, bien plus riche de son propre fond, s'étoit conduite par ce principe, qu'elles richesses ne posséderoit-elle pas? mais dans le tems que l'Angleterre se roidissoit contre tous les obstacles, en favorisant la navigation, elle forçoit chaque citoyen à faire son commerce par lui-même; la France se relâchant des maximes les plus judicieuses associoit les étrangers aux profits de ses sujets.

Elle parvint sous Louis XIII à l'anéantir

totalement : les étrangers en faisoient un peu, et ce royaume languissoit ; ne connoissant ni la marine, ni l'industrie, il bornoit tout son négoce à vendre dans des foires, le peu de marchandises qui se consumoit dans ce puissant état. Son commerce fut presqu'interdit jusqu'aux traités de Westphalie, et des Pyrennées ; et au lieu de les animer au moment de la paix, en faisant des réglemens utiles à la navigation qui étoit anéantie, on leva la défense faite aux étrangers, de freter leurs vaisseaux dans les ports de France ; les denrées, et les marchandises dont le royaume étoit surchargé, sortirent avec profusion : on regarda pour lors ce bien passager, avantageux au commerce, mais la France en reçut un coup mortel dont elle gémit encore. Ce grand vice d'état l'entraîna dès ce moment à sa perte, accoutuma les marchands français, à voir charger leurs marchandises sur des vaisseaux étrangers, et à n'être dorénavant que de simples commissionnaires ; ils furent frustrés du produit du fret, leur fortune diminua, ils achetèrent moins cher les marchandises, ainsi que les denrées de leurs concitoyens, et en vendirent une moindre quantité : il est aisé de voir quel coup terrible cette conduite porta à la nation ; les
                                                                terres

terres diminuèrent de leur prix, les manufactures furent découragées, les constructeurs de navires, et les matelots devenant presque inutiles, passèrent chez l'étranger, et le mirent en état de profiter plus sûrement, et plus long-tems, des fautes de la France; mais ses ressources sont si grandes, qu'un coup qui auroit écrasé toute autre puissance, lui a laissé encore des moyens suffisans de se relever, et de trouver dans ses avantages naturels, et dans son propre poids, tout ce qui lui est nécessaire pour reprendre le dessus de ses voisins (1).

La voie la plus courte, et la plus sûre d'augmenter le commerce d'un état, est de faire fleurir la navigation; en vain fera-t-on les lois plus sages pour encourager les manufactures, et la culture des terres, s'il n'y a pas de commerçans toujours prêts à transporter chez l'étranger l'excédent des denrées, et des marchandises.

___

(1) Pût-on jamais croire en 1793, que la France cernée par toutes les puissances du Continent, fût devenue aussi florissante; et que loin d'être subjuguée, elle eut porté ses limites au Rhin, aux Alpes, aux Pyrennées; etc., etc.

Une nation qui attend, pour vendre, qu'on vienne chercher chez elle, doit se trouver surchargée de denrées, et par conséquent négliger un travail dont elle n'est pas récompensée ; lorsque les vaisseaux français porteront dans le nord, les vins, les eaux-de-vie, les prunes, et généralement tous les articles, du crû de France, qui ont du débit dans ces contrées ; ils chargeront à leur retour du bois de construction, du cuivre, de la cire, du blé, et tout ce qui peut être reversible à leurs avantages. Qu'on pèse la nécessité de faire le commerce par soi-même, avec le bien que l'état peut en retirer ; cette méthode anime l'industrie des négocians, forme des officiers de marine, et des matelots, et fait gagner aux français, sur ses denrées, ce que les autres nations gagnent, le profit du fret, et celui de la commission.

Les marchandises d'un pays, qu'on a de la première main, procurent des avantages si grands, qu'ils doivent attirer toute l'attention de la politique des ministres ; si la France voit ses véritables intérêts, elle ne souffrira plus que les vaisseaux étrangers soient ses colporteurs, et devra à la sagesse de son ministère, les profits qu'elle peut retirer de cette nouvelle forme de régir son commerce, en gagnant le bénéfice, que les étrangers emportent sur les denrées de son crû, et sur l'industrie de ses habitans.

La navigation est l'ame du commerce; Athènes l'a éprouvé; Carthage l'a fait connoître par son orgueil; Alexandrie a fleuri par cette industrie, et les romains ne sont parvenus à l'empire du monde, qu'après avoir établi une marine assez formidable, pour en imposer à toutes les puissances. Si de tous les tems, la marine a eu les mêmes avantages, et quelle ait toujours pris le dessus sur ceux qui n'en ont pas eu; cet axiome reçu chez les grecs, que *celui qui est le maître de la mer, doit à la longue le devenir du Continent,* exige que la nation qui peut se procurer le commerce maritime, doit en faire le point essentiel de sa politique; on ne sauroit lui donner trop de protection, et dans une Monarchie, il seroit heureux que le Souverain y attachât des récompenses, et des dignités. La commodité des communications, donnent au royaume de France un ascendant sur les autres nations pour avoir un grand commerce; la bonté des chemins; le nombre des rivières, et canaux navigables dont il est coupé, ceux qu'il devroit ajouter, pour transporter plus commodément, ses marchandises, lui procurent une aisance inapréciable : les étoffes fabriquées, les denrées du produit de l'état, trouvent des facilités pour aller à la mer ; ce sont des objets bien importans, pour un royaume d'une si vaste étendue ; ses principales rivières, la Seine, la Loire, la Garonne, le Rhône, et un nombre d'autres qui se jettent dans ces fleuves, sont des avantages qu'il doit à la nature ; ses canaux sont admirables, pour l'immensité du travail, et pour l'utilité que le commerce en retire. Le canal de Languedoc, monument éternel du siècle de Louis XIV, établit une communication commode, entre Bordeaux et Marseille : ce chef-d'œuvre seroit fini, si on y ajoutoit celui qui est proposé pour rendre la communication plus facile entre les deux mers ; cet ouvrage ne sera mené à sa perfection, que lorsque l'intérêt des particuliers aura été mis à l'écart, et que le souverain ne verra que le bien du royaume, et l'utilité de cette navigation pour la province de Languedoc : si l'esprit de parti n'a pas la préférence, et que ce projet soit adopté, on pourra dire alors qu'on a la jonction des deux mers.

Les canaux d'Orléans et de Briare, entre les pays que traversent la Seine et la Loire, d'autres canaux qui peuvent être pratiqués ; plusieurs rivières qu'on peut rendre navigables, fourniront de nouveaux avantages à la France, sur-tout lorsque l'agriculture, et le commerce auront été mis au point de grandeur, où ils peuvent être portés : les grands chemins qui coupent ce royaume dans toute son étendue, sont admirables, par leur largeur, la solidité de leur construction, et leur bon entretien, l'établissement des maréchaussées pour en écarter les brigands et les voleurs, tout est d'une grande considération pour la liberté du commerce.

La France possédant les manufactures les plus renommées, pour le luxe et les modes, rendra reversibles à ses habitans, tous les profits que les étrangers font, sur l'exportation : si elle parvient à la faire, par elle-même ; tout ce qu'elle fournit à l'étranger restera dans l'état ; qui acquerra par ce moyen un degré de puissance, qui dans peu de tems doit donner à l'agriculture, les ressources qui lui manquent, et cette vigueur nécessaire ; l'abondance de la matière circulante est plus utile entre les mains des commerçans, au défrichement des terres, que dans les mains de la finance, elle en augmentera les revenus de l'état. Le négociant qui a passé sa semaine dans les combinaisons, va volontiers le dimanche voir son domaine, et y répand avec plaisir une partie de l'argent qu'il a gagné par son industrie : il préfère un arbre utile, à un meuble recherché, ou à une tabatière bien ciselée ; l'agriculture ne sauroit donc être menée à sa perfection, qu'à la faveur de l'établissement ferme et stable du commerce.

Le commerce forme un objet si considérable, qu'on doit sentir combien il doit être protégé par les lois : cette matière est d'une étendue si immense qu'elle demande plus d'attention qu'aucune administration, et l'autorité du souverain, ses graces, et les bienfaits peuvent lui donner une vigueur qui portera dans l'état une force, qui substentera tous ses membres (1).

―――

(1) L'ouverture des canaux, la réparation des routes, l'encouragement pour toutes les manufactures et fabriques, voilà la sollicitude du nouveau Monarque français ; mais, voilà aussi un de ses crimes envers le gouvernement anglais ! Car la prospérité de la France est un crime capital aux yeux du ministère Britannique.

Les puissances de l'Europe ont connu combien le commerce méritoit leur protection, c'est pour lui donner la considération qu'il exige, qu'elles ont établi entr'elles un droit commun. Les traités de navigation et de commerce ont leurs beautés, comme ceux que les princes font après de longues guerres ; elles ont voulu qu'ils eussent force de loi, afin qu'une partie si essentielle au bonheur de leurs sujets se soutînt, et se multipliât, autant qu'il seroit possible, dans toute la chrétienneté.

Par une convention générale entre les souverains, les navires marchands, obligés par la tempête, ou par quelqu'autre accident, de relâcher dans un port, ne payent les droits que des marchandises qu'ils mettent à terre, et ils sont libres de ne décharger que ce qu'ils jugent à propos, à l'égard des vaisseaux de guerre, qui auroient besoin de relâcher, il est d'usage qu'on règle le nombre de ceux qui peuvent entrer dans un port, et ce nombre est ordinairement fixé à six ; cependant, si une escadre plus considérable, est obligée par quelque raison importante de chercher un asile, elle doit faire savoir au gouverneur de la place, où elle veut aborder, la cause de son arrivée, et le tems qu'elle compte séjourner. On ne peut arrêter les marchands, les maîtres des navires, les matelots, ni saisir leurs vaisseaux et leurs marchandises pour quelque cause que ce soit, de guerre ou autrement, ni même sous prétexte de s'en servir pour la défense du pays.

En cas de guerre, il est permis aux nations neutres de commercer avec les puissances belligérantes, pourvu qu'on ne leur porte pas des marchandise de contrebande, sous ce nom on comprend tout ce qui sert à l'usage de la guerre, soit offensive, soit défensive, mais non les choses nécessaires à la subsistance de la vie.

Dans le cas qu'un vaisseau en veuille visiter un autre, il ne lui est permis d'en approcher qu'à une certaine distance ; on a décidé à la portée du canon, il envoie alors sa chaloupe pour faire sa visite ; on ajoute foi aux lettres de mer, présentées par le maître du navire ; si on trouve à bord des marchandises de contrebande, on les confisque sans toucher au reste de la charge, à moins que le capitaine du vaisseau n'ait jeté ses papiers à la mer, ou refusé d'amener ses voiles.

Le vingt-deux août 1689, l'Angleterre,

et les Provinces-Unies, signèrent un traité a Wittchal par lequel, elles conviennent de notifier à tous les états qui n'étoient pas en guerre avec la France, quelles attaqueront, et déclarent d'avance de bonne prise, tout vaisseau destiné pour un des ports de ce royaume, ou qui en sortira. Les puissances neutres trouvèrent cette résolution contraire à tous les usages établis par les traités : la Suède, et le Dannemarck, en firent un, le dix-sept mars 1693, qui fit révoquer une déclaration si injuste, et et si contraire à liberté de la république générale (1).

―――――――――――――――――――

(1) Quelle différence dans la manière de voir et de penser, à l'égard du roi de Suède en 1693, et celles de Gustave, en 1805 ! L'histoire recueillera avec soin quelques anecdotes, pendant le voyage de ce monarque en Allemagne, en 1804 : et nos contemporains verront avant autant de peine que d'étonnement, qu'un souverain du Nord, ait eu correspondance avec des agens anglais connus sous les noms des *Smith*, *Drack*, etc. qui n'ont pas rougi de faire le métier d'embaucheurs et d'espions contre la France, quand ils paroissoient revêtus du titre et du caractère de ministres du cabinet de Londres. L'histoire ne citera pas moins la constante neutralité du roi de Dannemarck, son esprit de paix et d'équité, enfin, la bravoure de ses troupes, lorsqu'on

Une nation est en droit de confisquer tous les effets d'une puissance neutre, qui se trouve sur un navire ennemi, lorsqu'on est en pleine guerre ; on est convenu du tems limité pour que les vaisseaux puissent, après la déclaration de la guerre, rentrer dans leurs ports en toute sûreté, ces termes sont de quatre semaines pour la mer Baltique, et pour la mer du nord ; depuis Terreneuve en Norvège, jusqu'au bout de la Manche, de six semaines ; depuis la Manche, jusqu'au cap St.-Vincent, de là dans la Méditerranée, et jusqu'à la ligne de six semaines, et de huit mois au-delà de la ligne ; c'est ainsi qu'ont contracté la France, l'Espagne, l'Angleterre, et les villes Anséatiques. Les puissances du Nord assignent d'autres termes dans les traités qu'elles font ensemble, et toute la différence consiste, en huit, douze, ou quinze jours de plus, ou du moins, suivant la distance des mers dont il s'agit.

---

leur cherche querelle ; le combat du 2 avril 1801, contre l'amiral Nelson, nous donne une preuve récente de l'esprit de guerre et de paix du Prince royal de Danmarck, et en général, de celui du cabinet de Coppenhague. Quant au Roi de Suède, c'est un enfant qui se laisse éblouir par les guinées de l'Angleterre, et les promesses de quelques-uns de ses voisins.

Il faut considérer les engagemens que contractent les puissances de l'Europe entre elles, par rapport au commerce, sont de deux sortes : les uns, qui ne sont que pour un tems limité, font des lois, qui ne peuvent être abrogées que par le consentement mutuel de ceux qui s'y sont soumis, les conventions particulières faites par des puissances, pour s'accorder des privilèges relatifs, et reversibles à leurs états, sont ordinairement limités, et deviennent caducs, si un des contractans ne veut pas les faire revivre, par un nouveau traité.

Les peuples qui font entr'eux des traités de commerce, s'accordent toujours la liberté de porter respectivement les uns chez les autres, toutes les marchandises permises par les lois, avec clause de confiscation pour les autres. Les autres commerçans sont protégés, et pour qu'on ne leur fasse aucune mauvaise difficulté, ils doivent trouver dans les bureaux des douanes un tarif pour les droits d'entrée, et de sortie ; on leur accorde aussi la liberté de conscience.

Les puissances contractantes conviennent qu'en cas de rupture, les sujets de celles qui seront engagées dans une guerre auront un tems limité, après la déclaration ; c'est ordi--

nairement un terme de six mois, pour vendre leurs marchandises, et les transporter où bon leur semble; jusqu'à l'expiration du terme convenu ils doivent jouir d'une entière liberté (1).

Quelque protection que les puissances accordent à leurs négocians respectifs, il s'en faut beaucoup qu'elles aient atteint le point que leur prescrit leur intérêt; si malgré tous ces sages réglemens on est persuadé qu'elles n'ont pas fait tout ce qu'elles auroient dû faire; qu'on juge à quel point de discrédit, de foiblesse, le commerce seroit réduit; si les engagemens solemnels des traités sont violés au point, de ne connoître ni lois ni usages, par le caprice d'une nation qui s'y croit supérieure; la fortune de tous les négocians d'un état, se trouve à la merci de la cupidité, et de la mauvaise foi des corsaires qui mettent en mer, pour courrir sur tous les vaisseaux qui font route sur la foi des traités; un coup d'essai d'un pareil attentat qui est sous nos yeux, doit pressentir tous les souverains de l'Europe du malheur qui les menaceroit, s'il ne prêtoient pas leurs bons offices, pour faire rendre aux lois le respect et la vénération que toutes les nations leur doivent.

---

(1) L'Angleterre n'a pas cette louable coutume.

Les pirateries exercées sur les navires marchands, français, sans aucune déclaration de guerre, porteroient un coup mortel aux négocians, et banniroient les assurances, les contrats de grosse, et le crédit que les armateurs se sont acquits pour la mise hors des vaisseaux qu'ils expédient, seroient perdus ; tous les peuples de l'Europe sont en souffrance de la guerre illicite qui vient d'être engagée.

On demande la decision d'une question à la Hollande; la compagnie des assurances de Bordeaux a signé en mai mil-sept-cent-cinquante-cinq : pour dix millions d'assurances sur les vaisseaux qui étoient dans les différentes colonies du royaume de France; comme nous étions en paix, elle a signé à cinq pour cent ; et la raison qui l'y a déterminée, est fondée sur la foi des traités que toutes les puissances ont garantis, qui donnent six mois, après la déclaration de la guerre, aux vaisseaux qui se trouvent dans les pays étrangers, pour rejoindre leurs ports, sans être insultés, ni molestés ; non-seulement l'Angleterre n'accorde pas le terme convenu par les traités, mais elle prend tous ces vaisseaux marchands sans aucune déclaration de guerre. La compagnie doit-elle payer la perte de ces vaisseaux pris contre le droit des gens ? La Hollande, comme la puissance la plus maritime, et celle qui embrasse toutes les différences branches du commerce de l'Europe, peut mieux que toute autre nation, porter un jugement équitable, sur la question proposée.

Les plus grands hommes d'état, pour la partie du commerce, ont décidé jusqu'à ce jour, que la bonne foi la plus épurée doit faire son lustre, son soutien et son accroissement; que deviendra ce commerce, qui fait l'ame des états, auquel on doit la société et la bonne harmonie qui règne entre les puissances de l'Europe, si on la perd de vue. Ces tems malheureux, où chaque peuple ne sortoit de chez lui que les armes à la main et dans le dessein d'envahir les biens, et les fortunes de ses voisins, renaîtroient; l'Europe ne formeroit que des villes habitées par des pirates, et retomberoit dans la barbarie par l'anéantissement des lois, et des traités.

Les anglais se sont toujours flattés, en faisant la guerre à la France, de ruiner entièrement son commerce, et de s'enrichir de ses dépouilles. Cette espérance, toute chimérique qu'elle est, est si fort invétérée dans l'esprit de ce peuple, que le ministère en obtient tout ce qu'il veut, pourvu que les sommes exigées soient employés contre elle ; si l'expérience avoit quelque pouvoir sur son esprit, je le prie de la consulter, pour être désabusé : qu'il regarde cette France, qui lui donne tant d'ombrage, il sera convaincu, qu'elle ne doit pas toutes ses richesses à la seule industrie de ses habitans ; c'est un pays fertile, abondant, et riche de son propre fonds ; il est arrosé par de grandes rivières ; il a d'excellens ports sur les deux mers ; ses voisins ne peuvent se passer ni de ses denrées, ni de ses manufactures ; et si son commerce est interrompu dans quelqu'une de ses branches, pendant la guerre, la paix lui donne nécessairement une nouvelle activité.

Les mauvais procédés des anglais, pourroient bien determiner le ministère de Versailles, de donner au commerce la considération dont il est susceptible ; il n'en a pas fait jusqu'à ce jour, un objet principal, comme en Angleterre, et en Hollande ; il y a des motifs bien pressans, qui décideront les ministres à en faire une sérieuse occupation, et si l'esprit du commerce peut saisir le français, celui de l'anglais diminuera de beaucoup.

D'ailleurs, si les voisins de l'Angleterre lui sont inférieurs sur mer, ce n'est pas qu'ils

doivent l'être, mais c'est qu'ils ont négligé de se servir de leurs avantages : je demanderai à l'anglais, s'il croit que la France ait fait jusqu'à ce jour, tout ce qu'elle pouvoit pour ses forces maritimes ; l'époque de la guerre de mil-six-cent-quatre-vingt-huit lui fait voir, que, repoussée à son troisième retranchement, elle est plus redoutable à ses ennemis, que dans la prospérité ; on la força dans cette guerre de faire un dernier effort, le commerce de l'Angleterre fut ruiné sans ressources de son propre aveu : puisque par un état dressé, par ordre du parlement, on prouva qu'elle avoit perdu quatre mille deux cent vaisseaux marchands, évalués trente millions sterling ; ces tems sont éloignés, dira-t-on, l'Angleterre aujourd'hui est maîtresse de la mer ; oseroit-on douter que la France, quoiqu'obligée d'entretenir de nombreuses armées de terre, puisse encore avoir des flottes puissantes ; la supériorité sur la mer, n'est pas comme celle, sur terre, celle-ci ne peut être enlevée à un peuple, qu'après des efforts redoublés, et de longues guerres dont les succès sont toujours douteux : avant le règne de Louis XIV, la marine française étoit plus foible qu'elle ne l'est actuellement ; son successeur peut, quand il voudra,
remédier

remédier à ce vice, et se mettre en état d'opposer à la puissance britannique des forces assez respectables, pour réprimer son orgueil.

Je n'entreprendrai pas de réfuter tout ce que la politique anglaise, jointe à l'ambition la plus démesurée, a mis en usage, depuis l'avénement de Guillaume III au trône d'Angleterre ; elle a voulu persuader, par toutes sortes de menées, que la France aspiroit à la monarchie universelle ; ce propos est si vide de sens, que cette idée chimérique tombe d'elle-même : l'Europe a du voir par la conduite de l'Angleterre, et par son système constamment suivi, que cette puissance n'affectoit de crier contre l'ambition de la France, que pour affermir son crédit, et à la faveur d'une pareille lueur, porter ses vues orgueilleuses au-delà des bornes. Ce qui le prouve, sont : toutes ses démarches et toutes les dépenses qui ont été faites suivant les circonstances, et les traités particuliers qu'elle a contractés en différens tems avec l'Espagne, la Hollande, le Nord, et notamment celui de Vienne, du seize mai mil-sept-cent-trente-un, qui dit en termes formels ; *l'Angleterre garantit à la maison d'Autriche tous ses domaines, à l'exception du Turc, et se rend garante*

L

de la pragmatique sanction En coûta-t-il quelque chose à l'Empereur pour obtenir ce fameux traité, qui trouvoit des difficultés insurmontables aux congrès de Cambrai? On répond que l'Empereur se désiste en faveur de ce traité, de l'établissement de la compagnie d'Ostende : voilà donc les provinces de la domination de l'Empereur, qui perdent tout espoir de commercer, et voyent évanouir tous les fruits du traité particulier, (1) que l'Espagne avoit fait avec la cour de Vienne, en mil-sept-cent-vingt-cinq, dans lequel elle accordoit, par les articles I, et III, de très-grands avantages aux sujets de l'Empereur, pour leur compagnie des Indes. Qu'on pèse sans partialité les raisons qui ont déterminé la politique anglaise à cet engagement de garantie, contre toutes les puissances de l'Europe, l'Ottomane seule exceptée ; elle est pourtant, sans contredit, celle qui obligeroit la Grande-Bretagne à de plus grands secours envers la maison d'Autriche, qui doit plus craindre pour son royaume d'Hongrie, et ses états héréditaires, voisins du Grand Seigneur, que pour les bords du Rhin, les Pays-Bas,

---

(1) Traité de Seville.

et l'Italie. La maison d'Autriche a donc accepté une convention si opposée à ses véritables intérêts, et l'anglais qui ne fait aucune démarche qui ne tende à son système de politique, a du, dans cette occasion, découvrir ses vues d'agrandissement : or ses mauvaises intentions ne peuvent être cachées à la puissance des Bourbons.

Il se présente à décider une question, digne des plus grands politiques, sur la conduite irrégulière que tient la Grande-Bretagne dans la guerre de pirateries qu'elle a engagée : elle a joint, à cette vilaine manœuvre, un trait de perfidie inouï, dans tous les siècles : un vaisseau de cette nation, portant pavillon hollandais, fait des signaux d'incommodité à la vue d'un port français, on vole à son secours, (mouvement naturel) qu'elle est la surprise de ces hommes officieux ? ce prétendu vaisseau hollandais, est un corsaire anglais, qui fait prisonniers ceux qui venoient charitablement lui donner du secours, il les emmène, montre sa proie à ses concitoyens, qui applaudissent à un pareil attentat ; où sont ces Romains, qui s'écrioient : « rien n'est permis aux « nations sans la force des lois ; sortir de ce « principe, c'est renverser tous les systèmes de la bonne foi, et de la société : ils appelloient de pareilles manœuvres, *des crimes clandestins, ou actions impies*; Valère-Maxime dit : *on doit faire des prisonniers avec des armes, et non pas avec supercherie*; ils autorisoient la ruse, pourvu qu'elle fut sans trahison, et regardoient ce moyen indigne des hommes (1); un véritable vaisseau hollandais s'est trouvé à la vue du même port, dans le plus pressant danger, et a fait des signaux de détresse, on ne lui a donné aucun secours, le prenant pour un corsaire anglais ; le vaisseau a péri. Des hommes sauvés du naufrage dans la chaloupe, s'écrient avec raison, à l'inhumanité « vous avez « entendu nos signaux, et vous ne nous secourez « pas ! On leur a dit : nous plaignons votre sort, « et sommes fâchés de n'avoir pas fait ce que « nous devions, et ce que notre cœur nous ins- « piroit, mais nous avons craint de tomber en- « core une fois dans le piége ; » la faute ne rejaillit-elle pas, sans aucune difficulté, sur la

---

(1) Voilà, je crois, un trait que la postérité la plus reculée ne peut oublier, et qui n'est digne que du gouvernement anglais ; car si un gouvernement applaudit à des actes d'une perfidie aussi atroce, point de doute, que ce ne soit le résultat de ses ordres.

mauvaise foi de la Grande-Bretagne ? Quelles peuvent être ses vues, dans cette nouvelle façon de faire la guerre ? Elle insulte, contre toutes les lois, la République générale de l'Europe ; le pas est bien glissant ; laisser tomber le masque de l'ambition, est un essai de politique très-dangereux ; elle ne s'est pas persuadée d'être assez respectable pour pouvoir par elle-même, humilier la puissance française, et sa conduite prouve qu'elle ne peut parvenir à lui faire du mal, qu'en mettant en usage des moyens illicites ; a-t-elle espéré d'arracher l'Amérique dans cette secousse-ci ? Les mémoires de l'amiral Boscaven, et ceux d'Anson, ont aliéné tous les esprits, et la populace anglaise a pensé, en lisant les découvertes de ces voyageurs, que tout ce qui flattoit son orgueil et sa vanité, étoit possible ; ont-ils prétendu engager une guerre générale, et faire prendre les armes à toute l'Europe contre la France ? C'est une frénésie anglaise, puisqu'il n'est pas seulement permis, mais encore défendu par les lois de secourir son allié, quand il se fait des ennemis, par une conduite injuste. La précaution que l'Angleterre avoit eu de prendre beaucoup de troupes mercenaires à sa solde, avant aucune ombre de rupture, sont des preuves plus que suffisantes de son ambition et de ses mauvais desseins, et sa conduite n'aboutit au surplus, qu'à apprendre aux hommes, qu'elle sait se jouer des instrumens de la foi publique. Que l'Europe prononce sur la validité de la guerre qui vient de porter l'alarme dans le sein de tous les états de la république chrétienne : on soumet au jugement de tous les Potentats qui la composent, cette question de politique.

Toute l'Europe, frappée du même coup qui a été porté à la France, verra avec indignation, les mauvais traitemens que les matelots français essuyent en Angleterre, après avoir été pris avec autant d'injustice que d'irrégularité, suivant les usages reçus parmi les nations policées ; ces malheureux sont traités avec une dureté qui tient de la barbarie ; qu'on les mette sous la protection de ceux qui ont subi le sort de la captivité, aux champs de *Fontenoy*, de *Melh*, de *Raucoulx* et de *Lauffeld* ! ils rendroient vraisemblablement une portion des bons traitemens qu'ils reçurent ; le premier appareil fut pour eux ; les meilleures provinces leur furent assignées ; et ils ont éprouvé les égards que le vainqueur doit au vaincu. L'anglais se persuade-t-il que cette générosité soit un effet de la crainte ? il auroit peine à le faire croire d'une nation qui a toujours usé de la même bonté, après la victoire, à l'égard de ceux que le sort de la guerre lui a soumis. Manque-t-il à la France des moyens, pour traiter durement ses prisonniers de guerre, et l'anglais se persuade-t-il que le ministère français, lassé de ses mauvais procédés, ne changera pas son système de clémence, en rigueur ? S'il prend ce parti, l'anglais sera traité aussi rigoureusement que ces mauvais procédés l'exigent ; il en résultera des malheurs qui n'aboutiront qu'à donner, tout au plus, des fers trop pesans à des hommes, qui mériteroient, en défendant leur patrie, les égards dûs à la valeur, et la vertu (1).

---

(1) Parmi les nombreux prisonniers français, en Angleterre, depuis des siècles, il n'en est pas rentré un seul en France qui n'ait eu à se plaindre du traitement qu'il a éprouvé, pendant sa détention : et jamais la France n'a usé de réprésailles envers des malheureux que le sort des armes jette dans les mains d'un ennemi vainqueur. Dans tous les tems, le français s'est fait un devoir de respecter le malheur du vaincu.

La France doit enfin reconnoître une fois pour toutes, que les anglais la haïssent par tempéramment : c'est chez eux une maladie tellement invétérée, que les remèdes ordinaires ne sont que palliatifs; il est de la haine des anglais, pour les français, comme de ces maux violens, qu'on ne peut guérir qu'en affoiblissant le corps. Si la France veut véritablement maintenir la tranquillité de l'Europe, elle doit considérer, que le seul moyen de réussir est d'abaisser l'Angleterre, sa position lui en fournira les moyens; elle en a un infaillible à sa disposition, si elle veut le mettre en usage (1).

La France n'a qu'à voir la Grande-Bretagne, comme l'île de Malthe voit les africains, lui notifier les mêmes sentimens, et tenir la même conduite. Partir du principe, que la France est devenue l'île de Malthe, vis-à-vis la puissance britannique, et qu'elle lui fera la guerre

---

(1) Le gouvernement anglais sent tellement cette dure vérité, qu'il fait tous ses efforts pour armer les puissances de l'Europe contre l'Empereur des français, dont le vaste génie saura trouver, non-seulement, les moyens de rivaliser le commerce de l'Angleterre, mais, encore, de vaincre son despotisme maritime, et d'abaisser son orgueil national.

en tout tems, en tous lieux, enfin qu'elle interdira tout commerce avec un peuple qui ne sait pas respecter les droits de la société. Quelle foule de guerriers s'offriront au Monarque français pour soutenir sa gloire et la dignité de la nation ! (1) Ce prince peut avoir dans peu de tems une marine très-respectable, cette partie de la noblesse française qui est dans l'indigence, trouvera dans ces séminaires d'une guerre constante et suivie, contre l'Angleterre, de la gloire à moissonner, et des richesses à acquérir. Si les campagnes faites sur les vaisseaux marchands, ou sur les vaisseaux armés en course, comptoient, pour pouvoir monter aux grades de la marine militaire, dans laquelle tous les sujets français trouveroient la récompense due aux grands services, la France feroit plus de progrès dans la marine que

---

(1) L'Angleterre doit se rappeller qu'en 1792 des millions de français s'armèrent pour défendre leurs frontières, contre les souverains de l'Europe ; le caractère national est toujours le même : il ne faut que sonner l'heure du combat, contre le gouvernement anglais, pour avoir des milliers de bras ; sur-tout lorsqu'on est certain de combattre sous les ordres d'un héros qui a mené, tant de fois, ses compagnons d'armes à la victoire.

toute autre nation; voir dans la perspective, le moyen d'acquérir de la gloire, des richesses, de l'avancement, et des récompenses; voilà un aiguillon bien puissant chez un peuple belliqueux.

Cette forme d'élever la noblesse française, lui donnera un goût tel qu'elle doit avoir, pour la partie du commerce maritime, qui est le seul qui doive lui convenir. On ne doit pas penser dans un état monarchique, comme dans un état républicain; on peut allier au moyen de la marine commerçante et de la marine militaire des avantages reversibles à l'intérêt et à l'esprit d'ambition pour la véritable gloire; si la France menoit par ce système sa nation à cette forme de gouvernement, l'anglais deviendroit sage dans son île, et n'insulteroit pas, avec arrogance, une puissance qu'il doit respecter.

Il est contre l'esprit du commerce, que la noblesse soit commerçante dans une monarchie, et il est contre l'esprit de la monarchie, que la noblesse y soit négociante.

Montesquieu a dit (1):

« Des gens frappés de ce qui se pra-

_____

(1) Esprit des Lois, liv. XX, chap. 20.

« tique dans quelques états, pensent qu'il
« faudroit qu'en France, il y eû des lois qui
« engageâssent à faire le commerce (ce seroit
« le moyen d'y détruire la noblesse, sans au-
« cune utilité pour le commerce). La pratique
« de ce pays est très-sage, les négocians n'y
« sont pas nobles, mais ils peuvent le deve-
« nir ; ils ont l'espérance d'obtenir la noblesse,
« sans en avoir l'inconvénient actuel ; ils n'ont
« pas de moyen plus sûr de sortir de leur
« profession que de la bien faire, ou de la
« faire avec bonheur, chose qui est ordinaire-
« ment attachée à la suffisance.

« Les lois qui ordonnent que chacun reste
« dans sa profession, et la fasse passer à ses
« enfans, ne sont, et ne peuvent être utiles
« que dans les états despotiques, où personne
« ne peut ni ne doit avoir d'émulation.

« Qu'on ne dise pas que chacun fera mieux
« sa profession, lorsqu'on ne pourra pas la
« quitter pour une autre ; je dis qu'on fera
« mieux sa profession, lorsque ceux qui
« auront excellé, espéreront de parvenir à
« un autre.

« L'acquisition qu'on peut faire de la no-
« blesse, à prix d'argent, encourage beau-

« coup les négocians à se mettre en état d'y
« parvenir ; je n'examine pas si l'on fait bien
« de donner ainsi aux richesses, le prix de la
« vertu, il y a tel gouvernement où cela peut
« être très-utile.

« En France cet état de la robe, qui se
« trouve entre la grande noblesse et le peuple
« qui, sans avoir le brillant de celle-là, en a
« tous les privilèges ; cet état qui laisse les
« particuliers dans la médiocrité, tandis que
« le corps dépositaire des lois est dans la
« gloire, cet état encore, dans lequel on n'a
« des moyens de se distinguer, que par la
« suffisance, et par la vertu, profession ho-
« norable, mais qui en laisse toujours voir
« une plus distinguée ; cette noblesse toute
« guerrière, qui pense qu'en quelque degré
« de richesses que l'on soit, il faut faire sa
« fortune, mais qu'il est honteux d'augmenter
« son bien, si on commence par le dissiper ;
« cette partie de la nation qui sert toujours avec
« le capital de son bien ; qui, quand elle est
« ruinée, donne sa place à un autre qui servira
« encore avec son capital ; qui va à la guerre
« pour que personne n'ose dire qu'elle n'y a
« pas été ; qui, quand elle ne peut espérer les
« honneurs, et lorsqu'elle ne les obtient pas,

« se console parce qu'elle a acquis de l'hon-
« neur ; toutes ces choses ont nécessairement
« contribué à la grandeur de ce Royaume, et
« si depuis deux ou trois siècles, il a aug-
« menté sans cesse sa puissance, il faut attribuer
« cela, à la bonté de ses lois, et non pas à la
« fortune qui n'a pas ces sortes de constance.

Voilà ce qu'a pensé de la noblesse, au sujet du commerce, le plus grand génie de la nation.

L'article de la pêche a été trop négligé en France ; il mérite l'attention du ministre, chargé du département de la marine, qui doit se rendre indépendant des secours que la Grande-Bretagne fournit à la France ; c'est le coup le plus mortel qu'on puisse porter à l'Angleterre, et l'interdiction de tout commerce avec cette île, donnera à la France un ascendant marqué dans les différentes branches du commerce ; elle trouvera plusieurs avantages considérables dans la pêche, si elle la rend florissante : le principal est celui de l'abondance des matelots, qui se formeront pour les voyages de long cours, et pour la marine militaire, la quantité de poisson salé, qu'il faut pour les flottes et pour l'intérieur du Royaume, donnera un bénéfice qui restera dans l'état, et qui sera employé à payer l'apprentissage de ces nouveaux marins. L'Italie, et l'Allemagne fourniront des débouchés pour la vente du superflu de la pêche, et le français pourra avoir la préférence dans ce commerce, puisqu'il donnera à meilleur marché, une grande consommation des sels des salines de France, qui est un objet important pour l'état ; beaucoup de protection, et quelques récompenses accordées aux négocians, qui enverroient de ces salaisons dans l'étranger, animeroient de plus, en plus, leur industrie, et multiplieroient le nombre des vaisseaux employés à cet usage.

La France, lorsque l'Agriculture sera un point principal de son administration, peut se passer des secours en grain, de ses voisins. Dans les voyages que j'ai fait dans ce Royaume, j'ai vû un homme célèbre qui assure qu'on peut mettre en culture soxante-dix millions d'arpens de terre, pour toute espèce de grain : le fait est bien sûr, puisque M. Duvernay-de-Marmontel l'a spéculé ; la France peut donc trouver chez elle sa subsistance ; le malheur de quelques mauvaises récoltes réitérées, l'oblige à recourir aux greniers étrangers ? elle sera toujours libre de se pourvoir de grains, dès que sa marine sera montée sur le pied qu'elle doit être, et elle n'aura pas besoin des îles britanniques.

Si le tabac que la France retire de l'Angleterre, étoit mis dans le Royaume, comme marchandise, en payant à son débarquement un droit de douze, ou quinze sols par livre, et que ce droit une fois payé, le tabac devint une marchandise courante dans toute l'intérieur, on se passeroit des bons offices de l'anglais, le Roi retireroit sûrement chaque année, deux millions plus que les fermes n'en donnent ; cela rendroit à l'état, et à l'agriculture, une grande quantité de sujets, dont les uns vivent au moyen de la contrebande, et les autres par des emplois, sans nombre, qu'il y a dans les différentes provinces ; et la circulation que cet article porteroit, lui donneroit un grand commerce ; la Louisiane fourniroit dans peu d'années à la France, tout le tabac qui lui est nécessaire pour sa consommation.

Le beurre d'Irlande, et les viandes salées qu'on tire de la Grande-Bretagne, peuvent se trouver dans le défrichement des terres, qui augmenteront les paturages, et l'industrie des sujets ; c'est un objet qui mérite bien l'attention du ministère ; il semble que l'anglais ait voulu par son orgueil, forcer la France à tirer parti des ressources qu'elle avoit peut-être trop négligées dans ses états ; si elle met à profit, ce que l'Angleterre l'a forcé d'examiner, la Grande-Bretagne sentira que sa politique a été frappée d'une maladie incurable.

Il est donc bien démontré que si la France veut, elle peut se suffire à elle-même et trouver chez elle une indépendance qui fera le bonheur de ses peuples ; l'Angleterre l'invite à une conduite aussi heureuse ; les mauvais procédés de la Grande-Bretagne Ne sauroit faire regretter à la Nation française l'interdiction de tout commerce avec un peuple, qui se fait une loi de tourner en ridicule toutes les actions de ses voisins.

L'Anglais veut imiter la fameuse République Romaine : il n'y a pas un membre dans les deux chambres du parlement, qui ne se croie un sénateur romain ; qu'on lise avec attention leurs harangues les plus réfléchies, on trouvera cet esprit de domination, et en examinant leur conduite, on y découvrira peut-être plus d'orgueil, que dans les tems les plus heureux du sénat romain. Est-il possible que l'Europe ait souffert jusqu'à ce jour, le ton insolent d'un peuple qui n'a compté pendant tant de siècles, dans la république générale,

que

que par sa foiblesse et ses barbaries, qui n'a pris un ascendant décidé, et n'a trouvé un poids dans la balance, qu'à la faveur des divisions des maisons de Bourbon et d'Autriche; (1) si l'anglais d'une part a su mettre à profit,

---

(1) La maison d'Autriche est bien convaincue que les guinées de l'Angleterre n'ont pas empêché les français de porter leurs armes en Allemagne, et même aux portes de Vienne, en avril 1797, en juin et en décembre 1800; elle ne devroit jamais oublier les préliminaires de *Léoben*, la bataille de *Marengo* et celle de *Hohenlinden*; mais si nous promenons nos regards dans le parlement d'Angleterre, nous verrons aujourd'hui, comme sous la dynastie Royale des Bourbons, le ton impudent des princes et des grands du Royaume : nous ne rapporterons pas tous les mots indécens de ces *honorables membres*, il nous suffira de citer un passage du discours prononcé par le duc de Clarence, dans cette fameuse séance du 25 mai 1805. « J'espère, a-t-il dit:
« que bientôt nous serons en mesure de dire à la France,
« sans rien gâser dans les expressions : VOUS N'AUREZ
« PAS ST.=DOMINGUE, VOUS N'AUREZ PAS LA LOUI-
« SIANE ; aux Espagnols : VOUS N'AUREZ PAS LES
« FLORIDES; et de dire à tous ceux qui sont protégés
« par le *tout=puissant consul* : VOUS N'AUREZ RIEN
» QUE CE QUE LA GRANDE-BRETAGNE VOUDRA BIEN
« VOUS LAISSER PRENDRE....... » Dans cette séance mémorable, *l'illustre* orateur a bien voulu avouer gé-

M.

dans la révolution d'un siècle, toutes leurs querelles et leurs rivalités, de l'autre, ces puissances ne devoient-elles pas voir que réunies à l'Espagne elles auroient dû tenir la balance de l'équilibre, tandis qu'elles perdent leurs plus beaux droits par leur mésintelligence. L'Empire, la France et l'Espagne ont un intérêt commun à maintenir une égalité, entre les autres potentats, qui ne leur donne jamais la crainte de dépendre de leurs caprices ; une union fondée sur la probité, et la bonne foi, qui devroit être trouvée dans le cabinet des Princes, peut les mettre à même de donner à l'Europe une paix constante, assurée, et durable. Quel bonheur pour la chrétienneté ! Si on jouissoit de cette paix si désirable, tous les peuples vivroient tranquiles ; les souverains, en faisant des heureux, trouveroient mieux leur véritable gloire, que dans les horreurs, de ce qu'on a jusqu'ici appellé héroïsme qui ne peut, tout au plus, que donner un grand nom aux sujets de leur domination, qui se distinguent dans des guerres sanglantes.

---

néreusement, *que c'étoit aux efforts de la Grande-Bretagne, que la France devoit attribuer la perte de St-Domingue.*

Ces trois puissances, à examiner leur position, leurs forces, leurs lois, et leurs domaines, semblent être séparées de façon qu'elles ne peuvent pas avoir l'esprit de conquête, les unes sur les autres ; quelle raison peut s'opposer à leur bonne intelligence ? Qu'on examine avec attention, et on décidera que l'Angleterre n'ambitionne, que de faire fermenter leurs anciennes querelles ; elle travaille donc pour ses vues d'intérêt, et non pour la tranquillité publique. Ces menées, assez connues aujourd'hui, doivent être suffisantes, pour rendre à la saine politique, tous ses anciens droits, et la diriger au bien commun de la République Européenne. Que chaque Peuple qui la compose, soit bien convaincu, que la sûreté de ses biens, et de ses privilèges est sous la protection de ces trois grands Potentats, qui, foulant aux pieds toutes les vues d'agrandissement et d'ambition, ne doivent travailler, en mettant leurs forces sur le pied qu'elles doivent être, qu'à maintenir chaque puissance dans les justes bornes de son autorité, et qui n'envisagent dans une démarche si sage, que le bien général.

Ainsi les traités qui seront passés pour la liberté publique, et pour la sûreté du commerce, auront force de loi, et ne seront pas violés par un Peuple, qui se croit tout permis; la société ne sera pas déshonorée par des insultes inouies; les Puissances foibles seront assurées de la protection des défenseurs de la liberté publique. Villes Anséatiques, vous trouverez vos défenseurs; et l'orgueilleux ne vous dictera plus des lois contraires à vos intérêts !

Cromwel, devenu protecteur de l'Angleterre, a jeté les premier fondemens de ce système ambitieux, (la domination des mers); l'Acte du Parlement qui force tous les sujets de la Grande-Bretagne à faire l'exportation de leurs diverses denrées sous le pavillon anglais, et de composer au moins les deux tiers des équipages en vaisseaux, de nationaux; celui qui accorde une forte gratification pour les blés qui sortiront du Royaume, sous ces conditions: ces deux actes, dis-je, dictés par la sagesse, ont mis cette Nation au degré de splendeur où nous la voyons; ils ont fait naître l'agriculture, l'industrie, et ont formé ce nombre incroyable de vaisseaux, de matelots, qui lui ont attiré les principaux revenus de toute l'Europe : à peine croira-t-on à l'avenir, que les Puissances qui la composent, ayant souffert deux actes qui étoient si opposés à leurs intérêts respectifs, ne se soient jamais apperçues, que ces actes tendoient à augmenter toutes les forces de la Grande-Bretagne, qui n'a trouvé dans son projet, ni difficultés, ni contrariétés. _

L'Anglais doit, donc, au fameux Cromwel la liberté de son commerce, et la plus florissante agriculture ; les arts, les manufactures, tiennent leur perfection de la supériorité que cette conduite a donnée à sa marine : plus la sagesse de son administration, et la constance de sa politique, dont il ne s'est jamais écarté, méritent des éloges, plus les Puissances qui doivent le tenir dans l'état de force que son rang, et sa position requièrent, ont des reproches à se faire ; puisqu'à la faveur de leurs divisions, ils l'ont laissé venir à un point d'autorité, qui lui donne trop d'ascendant dans les affaires générales, et peut-être un peu trop de poids dans la balance de l'équilibre ; il est tems que la France, l'Espagne et l'Allemagne fassent cesser ces anciennes divisions, et qu'elles connoissent, que leurs véritables intérêts doit les unir, pour remettre l'Angleterre dans son état naturel.

Je ne penserai pas qu'il dût y avoir une alliance offensive et défensive, entre l'Empire, la France, et l'Espagne, un pareil traité réuniroit trop de forces dans le même point, l'Europe en seroit alarmée, et il seroit difficile qu'on y trouvât cette bonne-foi, qui doit éclairer les démarches des Souverains ; mais une amitié, et une bonne harmonie entre ces trois Puissances, qui se protégeroient, et s'accorderoient leurs bons offices, dans les divisions qui naissent entre les différens membres de la République Chrétienne, feroit respecter les lois, et les traités.

Comme un grand Etat ne peut, avec sagesse, vouloir s'agrandir aux dépens de ceux qui lui sont inférieurs, et ne lui donnent aucun ombrage, ni mécontentement, il doit saisir l'occasion de les protéger dans tous les cas ; alors les foibles sont assurés d'une protection constante et inviolable vis-à-vis leurs égaux, qui auroient des vues d'ambition ; ce système pourroit, à juste titre, être appelé celui de l'équilibre entre les puissances : les cris de la Grande-Bretagne, qui se font entendre depuis un siècle dans toute l'Europe, en disant, nous ne travaillons que pour l'équilibre, ont été perfides : les événemens passés portent caractère de preuve ; la conduite et la politique anglaise, toujours constantes à entretenir la guerre entre les maisons d'Autriche et de Bourbon, assurent et démontrent, qu'à leur faveur, les anglais vouloient devenir les maîtres absolus de la marine et du commerce, et qu'ils n'ont jamais eu pour but, le bien général, ni particulier de la République (1).

L'empire de la mer donneroit à une nation la Monarchie universelle ; mais il faudroit que toutes les puissances lui laissâssent prendre après sa naissance, assez de force sur les deux mers, qu'il ne leur fut plus possible de secouer le joug qui auroit été imposé. Suivons l'Angleterre, nous verrons que son ambition l'a flattée d'y parvenir ; c'est impossible aujourd'hui : les Nations qui composent le monde connu, sont trop bien policées pour permettre qu'elle donne la loi ; elle fait tout ce que la politique exige pour acquérir ce degré de puissance ; elle a employé dans son île tout ce que la force peut faire, et tout ce que la ruse peut suggérer, pour perfectionner sa marine ; elle s'est fixée à ce seul point, et ne connoît d'autre profession ; elle a depuis cent ans, fait ce qu'elle a pu, pour empêcher ses voisins d'augmenter leurs forces maritimes ; elle a même voulu contraindre d'autres états à n'avoir qu'un certain nombre de navires ;

---

(1) Hélas ! ne voyons-nous pas encore, aujourd'hui, une preuve de systême.

elle a ôté à la maison d'Autriche le peu qu'elle en avoit, et jusqu'à l'espoir d'en pouvoir mettre en mer. Si l'Europe ne voit pas clairement dans cette conduite, qu'elle a jetté les fondemens de la domination des mers, toute preuve deviendroit équivoque; il est tems que la République générale prononce, et dise à l'Anglais. « Nous voulons vous réduire dans
« votre état naturel; que l'Europe soit libre,
« et son commerce; que la navigation soit pro-
« tégée, suivant les lois qui ont été établies ;
« vous donnez des alarmes, vous avez insulté
« ce corps respectable ; votre orgueil vous a
« aveuglé, rentrez dans le degré de votre force
« primitive; jouissez de votre agriculture, de
« vos manufactures, de votre industrie, et de
« ces sciences que vous croyez posséder à fonds;
« mais, peuple vain et inquiet, soyez plus sage
« à l'avenir; l'Europe, encore, vous l'ordonne ;
« reconnoissez votre souveraine, et souvenez-
« vous qu'elle puniroit avec plus de rigueur,
« le second attentat que votre ambition enfan-
« teroit. »

Si la supériorité en forces maritimes, ne conduit pas directement, par elle-même, à la Monarchie universelle, elle procure du moins de grandes richesses, qui sont l'ame, et le nerf des succès, et qui mettent un peuple en état de faire son commerce avec avantage en tems de guerre et en tems de paix. Une Nation qui arme des flottes considérables, est pour ainsi dire, voisine de tous les états ; elle peut à son gré, s'en faire craindre, aimer et respecter. Son alliance étant préférée dans bien des conjonctures, à celle d'un peuple plus puissant, joue un rôle considérable dans les affaires de l'Europe ; si l'Anglais avoit su jouir avec modération de ses richesses, de sa position et de ses forces, il étoit parvenu à à cette situation flatteuse, qui auroit fait rechercher, avec empressement, son amitié et son alliance ; il a mis trop de fierté dans sa puissance ; il a voulu se faire craindre ; il a menacé et pris le ton décisif, il n'est donc pas ami, puisqu'il veut être maître, on ne se fait pas à la tyrannie : si l'Anglais n'a pas respecté les Souverains, sa puissance doit être ramenée à son degré de force, pour n'entrer dans la balance de l'équilibre, que comme nécessaire au bien de la République générale.

Il seroit à désirer que l'Europe se déterminât, pour le bien de la tranquillité, à annoncer à la Puissance Britannique ses dernières volontés, pour éteindre le flambeau d'un embrâsement général qu'elle vient d'allumer : toutes ces guerres réitérées nuisent si fort à la société, que les Rois, dépositaires du bonheur ou du malheur des peuples, trouveroient dans un ordre si avantageux, une gloire immortelle.

Le Monarque Français a donné des preuves, qui ne sont pas équivoques, d'un désir bien ardent de vouloir prévenir les malheurs inséparables des grandes guerres, il ne s'est déterminé à prendre les armes, que pour repousser la force par la force, qu'après avoir épuisé tout ce qu'il est possible de mettre en usage pour réduire l'anglais à faire une satisfaction proportionnée à l'injure; a-t-il pris les délais d'une vengeance pour une foiblesse? Son erreur est bien grande : ce Prince connoît le prix de la tranquillité, et sait prévoir les horreurs de la guerre; plus il a montré de modération sur l'attentat commis par les premières hostilités de l'Angleterre, plus elle doit craindre son ressentiment. Une Nation, qui sait respecter son Roi, qui chérit ses lois, et qui obéit aveuglement à ses ordres, et à ses volontés, peut faire repentir la Puissance qui ose l'insulter avec perfidie (1).

―――――――――

(1) Si Louis XV a donné plusieurs fois des preuves de son caractère pacifique, combien grandes sont

Si la foi des traités à mis la France dans le cas, de ne pas porter ses vues à avoir une marine aussi respectable, qu'elle le peut, en est-elle moins redoutable ? L'insulte faite à son pavillon la déterminera à rétablir, dans trois ans, sa marine, ce qu'elle n'auroit peut-être pas fait dans quarante. Louis XV peut faire

---

celles que Napoléon a données, depuis qu'il tient les rênes du gouvernement français ? Autant il a été brave dans les combats, autant il a été grand et généreux au moment de la victoire. Eh ! quelle démarche n'a-t-il pas fait vers Georges III ? Deux fois il a écrit à ce Monarque, deux fois lui il a demandé la paix, non pas en homme vaincu, mais en héros victorieux qui veut faire cesser les horreurs de la guerre, épargner le sang humain, vivre glorieusement au milieu de ses sujets et encore dans la postérité. Qu'a répondu le Monarque anglais (ou plutôt son conseil) à une demande aussi loyale ? des mots insignifians, des phrases entortillées, qui ne respirent que la volonté bien prononcée de continuer la guerre, et de sacrifier même, l'intérêt de ses propres sujets à son ambition outrée. Mais si, comme le dit *le Politique Danois*, Louis XV pouvoit compter sur son armée, n'avons-nous pas mille et une preuves du dévouement sans bornes de tous les vrais français pour Napoléon, et tous ses compagnons d'armes ne verseroient-ils pas jusqu'à la dernière goutte de leur sang, pour défendre son auguste personne et son trône ?

dans son Royaume, ce que Louis XIV y fit, lorsqu'il prit les rênes du Gouvernement : il trouve de grands avantages que le feu Roi n'avoit pas ; des ports sur l'une, et sur l'autre mer, des arsenaux, des matelots, des officiers expérimentés ; l'art de diriger les forces maritimes ; tout cela fut créé par Louis XIV. Il ne faut à son successeur que des vaisseaux, et de l'artillerie : l'ambition de l'anglais lui apprend qu'il doit avoir une marine considérable, protéger les négocians, et conserver la gloire, et la dignité du pavillon Français.

C'est d'abord un grand bien pour la France, que la perfidie anglaise lui ait fait connoître que son intérêt l'oblige à penser sérieusement à ce rétablissement : quelque chose qui arrive, elle gagnera assez, si elle met à profit les avantages qu'elle en peut retirer.

Dans moins de deux ans, la mer sera couverte de corsaires, s'ils ne payent aucun droit d'amirauté, et l'Anglais perdra sûrement beaucoup dans ce genre de guerre, que le français est en état de lui faire, avec de gros avantages : car enfin, peut-il se persuader que la France ne puisse pas se mettre en état de réprimer l'insulte faite à son pavillon ? sa marine peut se trouver, dans ce moment, trop foible, pour lui disputer la supériorité sur la mer; mais le cabinet de Versailles ne manque pas de moyens pour parvenir à balancer la puissance britannique; on est sûr que s'il vouloit mettre en usage un projet qu'il a, ses flottes formidables, et ses citadelles qui enflent si fort son cœur, ne paroîtroient pas en mer sans être insultées; le plus grand homme de l'Europe, qui a donné ce nouveau système de faire la guerre, s'en seroit peut-être servi, si la sagesse du conseil de Versailles n'avoit pas trouvé dans cette nouvelle méthode, trop d'inhumanité; les découvertes pour la destruction du genre humain, ont été déjà trop multipliées, les excès de barbarie ne prennent pas naissance en France; cependant les lois de la guerre autorisent tout ce qu'on peut mettre en usage, pour détruire son ennemi, lorsqu'une puissance le mérite par sa mauvaise conduite; j'oserois penser, qu'on devroit écarter du préjugé, toute considération qui mène au ménagement (1).

---

(1) Louis XV rejetta avec horreur le projet d'une machine incendiaire, qu'on lui présenta pour se venger de l'Angleterre, et brûler ses vaisseaux; le gou-

L'Anglais ne méritoit-il pas qu'on le traitât à toute rigueur, pour réprimer le ton méprisant, qu'on peut dire impertinent, qu'il prend avec toutes les nations, et notamment vis-à-vis le nom français, qu'il ne sauroit prononcer de sang froid; il ne manque pas de sujets en France qui mettroient, avec plaisir, à exécution le projet qui a été donné, pour pouvoir combattre des vaisseaux de ligne avec supériorité, sans qu'il en coûtât presque rien pour l'exécuter ; il faut convenir que le remède est bien violent, que la guerre sera bien cruelle, mais, qu'importe ? les hommes qui embrassent cette profession, cherchent la gloire; plus les dangers seront grands, plus leur ambition sera flattée: c'est un malheur de faire une découverte de plus pour la destruction du genre humain. Dans trente ans tout le monde s'en servira, et alors les puissances foibles en marine, auront de quoi se faire respecter des formidables; la trempe des ames des peuples, qui se serviront de

---

vernement anglais, au contraire, vient tout récemment de lancer des brulots sur les bâtimens français, dans le port de Boulogne : n'a-t-il pas encore soudoyé et dirigé les auteurs de la MACHINE INFERNALE *du 3 nivose, ceux des poignards de l'opéra*, etc., etc.

cette nouvelle manière de faire la guerre, leur donnera la supériorité sur les puissances qui mettront moins d'intrépidité, et de valeur dans la chaleur des combats.

L'Angleterre connoîtroit, alors, sur quel fondement peu solide sa supériorité est établie, et quoique le moyen de lui faire sentir sa foiblesse, ait paru, jusqu'aujourd'hui, trop violent et trop meurtrier ; le ministère de Versailles, lassé de ses mauvais procédés, pourroit bien se déterminer à mettre à exécution un remède aussi violent, et elle devra cette nouvelle découverte à sa conduite irrégulière ; tous les maux qui résulteront de ces guerres sanglantes, auront été inventés pour humilier une puissance qui vouloit porter son autorité au-delà des bornes.

Tous les souverains devroient bien faire observer, pour la tranquillité de l'Europe, les conventions solemnelles qui doivent être sacrées, et ne s'engager dans aucune guerre qu'en suivant les usages reçus, et les droits qu'ont les Nations de se la déclarer, surtout, quand elles ont des griefs, ou des raisons assez puissantes, pour en venir à la rupture d'un traité de paix : ces lois ayant été adoptées d'un consentement unanime, les mettroient à l'abri de tout reproche ; mais engager une guerre sans suivre ses formalités, c'est établir le despotisme, vis-à-vis tous les membres qui composent la République générale. Un de ses membres, se trouvant trop foible, par la constitution de son état et par la nature de ses forces, peut, sans doute, se servir de tous les moyens, qui peuvent être employés, les armes à la main, pour abaisser la puissance qui l'a offensé, sans avoir à se reprocher d'introduire une nouvelle invention pour la destruction des hommes : les lois de la guerre peuvent autoriser cette nouveauté. Les Grecs et les Romains ont décidé qu'on pouvoit faire tout ce qui étoit humainement possible pour détruire son ennemi, à l'exception des supercheries, du poison et de l'assassinat (1).

Les paroles d'Alexandre à Darius, sont bien fortes (2) : *votre guerre est une guerre infâme : vous avez les armes à la main, et vous mettez à prix les têtes de vos ennemis ; vous n'avez pas même observé les droits de la guerre à mon égard, je suis résolu de la dernière extrémité.* Il faut aussi rapporter le

---

(1) L'Angleterre est bien loin de suivre cette maxime!! qui est la base du bonheur social.

(2) Grotius sur le droit de la Guerre et de la Paix, tome II, page 63.

passage

passage, au sujet de Persée : *quand on ne fait pas la guerre par un principe de justice digne d'une ame royale, il est dangereux de voir par l'issue, qu'une pareille guerre est en horreur aux dieux et aux hommes.* Les Romains condamnoient toute guerre illicite, ils ne regardoient pas qu'une chose fut permise, parce qu'on la faisoit ; ils approfondissoient s'il étoit permis par les lois de la faire ; Ciceron reproche à Cinna : *qu'il avoit été fort malheureux, d'avoir fait une entreprise contre les lois, puisque la faute qu'il avoit faite, lui avoit permis de la faire.* Ce reproche nous prouve que dans les tems les plus reculés, les guerres les plus illicites étoient condamnées et blâmées ; dans le siècle le plus policé, trouveroient-elles des partisans et des adulateurs ? Il est à présumer qu'elles sont aussi condamnables aujourd'hui que du tems d'Alexandre, des Grecs et des Romains.

L'Esprit des Lois laisse à la postérité un article bien flatteur, pour la puissance britannique : la charte des anglais défend de saisir, et de confisquer, en cas de guerre, les marchandises des négocians étrangers, à moins que ce ne soit par représailles. L'auteur s'écrie avec enthousiame : « qu'il est beau que « la nation anglaise ait fait de cela un des ar- « ticles de sa liberté ! » On convient que c'étoit une chose digne de la plus grande sagesse : mais cette beauté subsite-t-elle aujourd'hui ? La guerre qui vient d'être engagée en violant les lois, trois ou quatre cent vaisseaux pris en piraterie, les mauvais traitemens faits aux malheureux matelots qui les montoient, ne démentent-ils pas cette charte ? Si l'auteur de *l'Esprit des lois* vivoit encore, il seroit désabusé, et laisseroit à la postérité d'autres sentimens sur ce gouvernement, dont il a tant exalté la constitution.

« Dans la guerre que l'Espagne eut contre les anglais en 1740, dit cet auteur, elle fit une loi qui punissoit de mort ceux qui introduiroient, dans les états d'Espagne, des marchandises d'Angleterre ; elle infligeoit les mêmes peines à ceux qui porteroient dans les états d'Angleterre, des marchandises d'Espagne. Une ordonnance pareille ne peut, je crois, trouver de modèle que dans les lois du Japon, continue-t-il ; elle choque nos mœurs, l'esprit de commerce, et l'harmonie qui doit être dans la proportion des peines ; elle confond toutes les idées, et fait un crime d'état de ce qui n'est qu'une violation de police (1) ».

L'auteur de *l'Esprit des lois* affecte de rapporter dans le même article XIII, cette loi de l'Espagne qu'il trouve si contraire à la saine politique, et à la société; on seroit convaincu qu'il a voulu augmenter le lustre, et la sagesse du gouvernement de la Grande-Bretagne; un homme aussi éclairé, et aussi profond que cet auteur, auroit du, ce me semble, rapporter à la suite du même article, les deux déclarations suivantes, et laisser à la postérité le droit de juger sur l'importance des volontés des souverains. Je soumets au lecteur la décision de ces deux déclarations qui sont rapportées avec exactitude, telles qu'elles ont été prononcées dans leurs tems, quoi qu'on mette celles des

---

(1) L'Angleterre crie contre les impôts qu'a mis le gouvernement français, sur plusieurs marchandises anglaises, et sur-tout sur la prohibition d'un grand nombre d'objets sortans de manufactures et fabriques anglaises qui doivent être saisis sur les frontières, et même dans l'intérieur de la France; mais quoique l'Empereur Napoléon ait jugé nécessaire de détruire la prépondérance du commerce anglais, il n'a pas encore ordonné *la peine de mort* contre les contrebandiers. Il paroît certain que l'Espagne n'a pas mis cette loi a exécution depuis 1740.

Provinces-Unies, et de l'Angleterre après celles d'Espagne. Le lecteur doit regarder cette règle informe, comme un arrangement qu'on s'est proposé, pour mettre en évidence l'article IV de la proposition qui nous fait tant valoir la beauté de la charte, si forte admirée par l'auteur de *l'Esprit des lois*, qui a plus cherché dans les éloges qu'il a fait de la Grande-Bretagne l'envie de lui plaire, que celle de la montrer par les endroits qui blessent la liberté du corps général de la République ; on doit à la postérité, un tableau exact des faits, pour qu'elle ne soit pas trompée dans les jugemens qu'elle doit porter sur la conduite des hommes.

Dans les tems que les Provinces-Unies faisoient la guerre à l'Espagne pour en secouer le joug, elles publièrent une ordonnance, par laquelle, elles déclaroient que tout vaisseau qui seroit pris, faisant voile pour quelque port du royaume d'Espagne, seroit de bonne prise ; personne ne se plaignit de cette conduite, soit parce que les puissances de la chrétienneté les plus considérables, étoient en guerre avec l'Espagne, soit parce que les vaisseaux des Etats-Généraux continuèrent à respecter les navires des nations, qui étoient en état de se venger des violences qu'on auroit exercées, sur elles ; l'ordonnance subsiste, elle fut donnée, et pas une puissance ne la fit révoquer.

Le 22 août 1689 l'Angleterre et les Provinces-Unies signèrent un traité à Wittchall déjà rapporté, par lequel elles convinrent de notifier à tous les états qui n'étoient pas en guerre avec la France, qu'elles attaqueront, et déclarent de bonne prise tout vaisseau destiné pour un des ports de ce Royaume, ou qui en sortira ; les Puissances neutres trouvèrent ce traité contraire à tous les usages établis ; la Suède et le Dannemarck sur qui l'on fit quelque prises s'en plaignirent d'abord inutilement ; mais s'étant liguées en 1693 pour obtenir une prompte et juste satisfaction, elles alloient éclater, lors qu'on leur accorda la satisfaction, et les restitutions qu'elles demandoient.

On ne se persuadera pas que l'auteur de *l'Esprit des Lois* ait ignoré ces deux ordonnances, qui ont fait tant de bruit dans l'Europe ; elles étoient si fort marquées au coin du despotisme, que toutes les Puissances furent révoltées contre un pareil attentat. L'Espagne n'a rien fait contre la société ; il est libre à un Souverain d'imposer des lois à ses sujets vis-à-vis de la puissance à laquelle il fait la guerre. Si les lois du Japon, sur la contre-bande, paroissent sages, l'Angleterre devroit suivre un si beau modèle, et la société y trouveroit sa tranquillité, et ses avantages; l'ordonnance du Monarque Espagnol, de 1740, condamnée avec tant de rigueur, met celles de la Hollande, et de l'Angleterre, données en 1689 (cinquante-un ans auparavant), en horreur; elles ne peuvent être comparées qu'aux lois des Africains, qui sont toujours forcées, et barbares.

Celles qui veulent en imposer à des puissances neutres, et leur interdire toute communication avec les ennemis, sont des lois dures; il faut être assuré d'une puissance suffisante pour obliger, par la force des Peuples qui n'ont pas pris part dans la querelle, à obéir aux volontés du Souverain qui hasarde une pareille Ordonnance; si la foiblesse de quelqu'une la fait souscrire à un ordre si contraire à la liberté, elle ne supporte les fers dont on l'a chargée qu'avec impatience, et met tout en usage, pour les briser. Depuis la création du monde on n'a pas vû des Peuples qui ayent supporté le joug par goût; on doit à la tyrannie, la servitude, mais on ne la devra jamais à la bonne volonté, c'est trop diamétralement opposé aux sentimens du cœur humain ; un Roi, un Législateur, est un Père de famille qui quelquesfois donne des lois dures à ses enfans, et encore dans certains cas ; mais les raisons qui les mènent à ce parti violent, ont leur forces dans des principes, qui tendent à leur bien être, et à leurs avantages : ce même Père guidé par les meilleures intentions vis-à-vis de sa famille, seroit fort répréhensible, s'il vouloit exercer sur des étrangers une autorité qui n'a droit que dans son ménage.

L'Espagne n'a pas blessé, par son ordonnance, qu'on trouve si contraire à la société, la liberté de ses voisins ; elle n'a blessé ni les traités, ni les conventions passés entre les Puissances pour la navigation, et pour le commerce ; les liens de la société avec celles qui ne lui font pas la guerre, sont respectés et maintenus, elle ne rompt que ceux qu'elle a, vis-à-vis son ennemi ; il semble que c'est une chose très permise, et très-fort usitée lorsque deux Puissances ont une guerre si suspecte que celle que l'Angleterre engagea avec l'Espagne en 1740. Toute l'Europe sait qu'on placarda à Londres, à la porte du Parlement, un écrit portant en termes formels, *la Mer libre, ou la guerre*. On sait que le

Ministre Walpole cherchoit à tout concilier, parce qu'il voyoit que cette guerre ne pouvoit être regardée que comme une guerre d'ambition, dans laquelle l'Angleterre ne s'engageoit, que pour céder à la fureur d'un Peuple, qui ne respire que le trouble, et le désordre; l'Espagne rompt par son ordonnance tout commerce avec ce peuple, c'est le droit, le plus ordinaire et le plus constamment suivi, n'en déplaise à l'Auteur de *l'Esprit des Lois*.

Des Princes se sont quelquefois écartés, par foiblesse, par ambition, ou par une avidité mal entendue; des principes qui devoient lier leurs intérêts avec la tranquillité de l'Europe, les suites en ont toujours été facheuses; bien loin de parvenir aux fins que l'ambition, et l'orgueil leur laissoient entrevoir dans leurs démarches ambitieuses, ils ont vû multiplier les obstacles, et ne sont presque jamais sortis, qu'avec honte, du labyrinthe dans lequel ils s'étoient engagés; si la fortune les a d'abord secondés, ses faveurs passagères n'ont été qu'un germe de malheur, que le tems a bientôt développé; qu'on examine toutes les grandes guerres; celles qui ont eu le bon droit dans eur naissance, ont forcé la fortune à se déclarer en leur faveur, se sont terminées avec honneur, ont laissé aux Souverains la consolation de n'avoir rien à se reprocher, et leur ont attiré avec justice la voix des Peuples.

Depuis un siècle on travaille à persuader que la France a une ambition qui tend au despotisme vis-à-vis la République générale ; il n'est pas possible qu'une Monarchie puisse parvenir à l'opprimer, une foule de raisons se présentent pour détruire une idée aussi chimérique ; on conviendra d'abord qu'un effort de cette nature peut former quelquefois des Monarques qui auront l'ambition de dominer sur tous leurs voisins ; cet esprit conquérant donnera des alarmes, occasionnera des guerres sanglantes ; tout se réduit à des traités qui font rendre à chacun les possessions, qui avoient été envahies ; si on a vû que des Puissances se soient agrandies, cela peut être attribué à la situation des Provinces qui se trouvoient enclavées, ou liées avec les Etats du Souverain qui faisoit la guerre, qui a perdu d'un autre côté des possessions qui se trouvoient séparées et qui étoient à la bienséance d'une autre Puissance ; ces mutations si fort diversifiées, ont leurs causes, leurs origines, leurs variations, leurs pertes, et leurs changemens de domination, si fort compliqués avec les intérêts divers de plusieurs Souverains, qu'on ne sauroit regarder ces acquisitions comme faisant partie de l'ambition d'une Puissance qui veut asservir l'Europe, et parvenir à la Monarchie universelle. Les conquêtes peuvent donner quelques Provinces, tous les Princes de l'Europe ont éprouvé ces révolutions, mais cela ne fait pas une conséquence pour pouvoir décider qu'un Souverain vise à la Monarchie universelle (1).

On ne peut pas se persuader qu'une Puis-

---

(1) J'ai dit, et je dis encore, que quoique l'Empereur Napoléon ait conservé le *Palatinat* et la *Belgique*, quoiqu'il soit roi d'Italie et qu'il ait réuni à son empire le *Piémont* et les états de *Gênes*, il ne s'en suit pas de là qu'il veuille faire de la France une Monarchie universelle, comme le proclame le gouvernement anglais; Napoléon a porté la France à ses anciennes limites, et s'il a ajouté à sa puissance quelques états d'Italie, c'est, comme je l'ai dit, plutôt pour former une barrière respectable à l'Empire français, que par gloire et ambition. Si l'Empereur des François n'avoit pas eu la générosité de céder Venise à l'Empereur d'Allemagne, ce souverain n'auroit pas sans doute, dirigé, de nouveau, ses troupes en Italie. Napoléon est assez grand par ses victoires, et par son génie administratif, sans chercher d'autre gloire que celle du bonheur de ses sujets; et c'est en prenant des mesures pour maintenir la paix du Continent, qu'il arrivera à ce but désiré par tous les amis de l'humanité, et par lui-même.

sance quelle qu'elle soit, puisse y parvenir ; on suppose qu'un Monarque, qui trouveroit dans son Etat, à son avènement à la Couronne, un corps de troupes formidable, une Marine assez respectable pour tenir la Mer, des ressources suffisantes dans ses finances pour soudoyer les troupes de Mer, et de Terre, la vie seroit trop courte avec tous ces avantages, pour atteindre à cette supériorité qui donneroit la loi ; si la vie d'un homme ne peut pas remplir un dessein aussi vaste, et aussi étendu, il est décidé que les Monarchies ne subjugueront jamais la République Chrétienne ; l'héritier d'un Roi conquérant pense ordinairement d'une façon différente de son Prédécesseur. Portons nos vues dans les tems les plus reculés, et nous trouverons une suite d'événemens qui prouveront le fait, sans aucune contradiction ; une politique constante et suivie est plus suspecte dans les Républiques ; et si, parvenues à un certain point de grandeur, elles ne sortoient pas de leur système d'ambition, elles seroient trop redoutables ; l'orgueil leur fait faire des fautes, elles perdent de leur considération, et il est assez ordinaire, que cette forme de gouvernement passe à celui de la domination d'un maître, suite de l'ambition des hommes et, par une conséquence juste, toutes les clameurs réitérées, qu'une Puissance aspire à la Monarchie universelle, se trouvent dénuées de vraisemblance; l'Europe n'a rien à craindre d'une pareille ambition, elle doit porter toute son attention à faire respecter les lois générales et particulières, et prévenir par sa sagesse, que nulle Puissance ne prenne trop le dessus, pour attirer à elle plus de commerce qu'elle ne doit en avoir; un partage égal du commerce est le point essentiel, celui des forces sera toujours proportionné, quand le besoin annoncera à tous les Membres de la République qu'un Souverain prend trop le dessus; le tocsin que son ambition fait entendre à tous ses voisins les avertit de prendre les armes, lors que la violation des lois est prostituée, sans aucuns égards; si l'Europe examine, comme je le pense, les projets de la Puissance Britannique, elle sera convaincue qu'elle veut dicter des lois, par tous ses efforts réiterés, et s'attirer toutes les branches de commerce qui sont partagées entre les habitans du monde.

Il est à désirer pour le bien général, que toutes les puissances reconnoissent une fois pour toutes, que leurs intérêts respectifs exigent un nouveau système dans les cabinets ; la politique est comme le corps humain, sujette à des maladies, il lui faut des remèdes, pour qu'elle puisse faire dans le corps général, les fonctions qui le tiennent dans une balance convenable, afin d'assurer à chaque membre la sûreté de ses possessions, et la tranquillité de ses sujets.

La fameuse ligue d'Ausbourg, monument éternel de la passion, prouve qu'on avoit moins consulté le bien général de la République de l'Europe, que l'envie de plusieurs de Souverains contre à la France, et pour son anéantissement, la base de cette fameuse ligue, aussi folle qu'irrégulière, tendoit à déranger l'harmonie, qui est d'une nécessité absolue, pour que la République se soutienne dans l'équilibre qui en fait la force.

Le Monarque français informé de l'irrégularité d'une pareille négociation, instruit de son résultat, prit un parti tel que le besoin le demandoit : l'orage se trouvoit de nature qu'il ne pouvoit être conjuré par des négociations : il savoit que les ennemis se préparoient à fondre de tous côtés sur ses états, et la guerre de 1688 ne prit sa naissance, que pour prévenir les malheurs qui menaçoient son Royaume. Les écrivains qui ont attribué à l'ambition du Monarque français, les cruautés de cette guerre, et les malheurs attachés à une dissention générale, ont eu grand tort de rejetter les suites funestes, sur les vues d'agrandissement de la politique française, puisqu'elle ne travailla qu'à garantir ses états, et à donner à l'Europe, dans toutes ses négociations, des preuves certaines de sa modération, et de son désintéressement. Dans les tems que la France jouissoit des succès les plus avantageux, elle offrit la paix avec un désintéressement qui auroit désarmé la passion la plus démesurée ; plus elle recherchoit la tranquillité publique, plus les alliées, qui faisoient une guerre de jalousie, se roidissoient pour y porter des obstacles ; on n'ignore pas que le roi de Suède offrit sa médiation, et le Monarque, d'un seul mot, lui fournit les conditions auxquelles il vouloit la donner pour le repos public.

Comme les plus belles actions sont toujours flétries, lorsque la passion cache leurs bonnes intentions ; cette ligue attribua les avances faites par la France, au besoin qu'elle avoit de prendre haleine, et conclut la nécessité où étoient les alliés, de faire un dernier effort.

Les ennemis les plus obstinés au démembrement de la Monarchie française, annonçoient dans tous les cabinets, que la France tendoit un piège, sur des offres aussi avantageuses à la République générale, et que sa conduite n'étoit qu'une fausse générosité ; heureusement il se trouva des puissances qui connurent les bonnes intentions du cabinet de Versailles, il s'ensuivit la dissolution de la grande alliance, et le public reconnut que Louis XIV vouloit la paix, parce qu'il étoit touché des maux que causoit la guerre, et qu'en renonçant aux avantages que lui avoient procurés ses armes; il n'avoit d'autre objet que d'affermir le repos de l'Europe, et de dissiper les soupçons injustes, et les inquiétudes qui l'agitoient.

Les conférences de Riswich commencèrent le 2 mai 1697, elles ne furent pas épineuses ; la France se relâcha encore sur plusieurs demandes qu'elle avoit faites aux alliés, croyant qu'il étoit de sa gloire de savoir céder tout ce qu'elle avoit conquis, et dans le moment où ses armées avoient une supériorité si marquée, que toutes les puissances belligérantes étoient convaincues qu'elle pouvoit pousser ses conquêtes au-delà de ses espérances. Le 20 septembre 1697, ses plénipotentiaires signèrent la paix avec l'Espagne, l'Angleterre et les Provinces-Unies, et le 30 du mois suivant avec l'Empereur d'Allemagne et l'empire (1).

On peut voir par le vice de cette politique, que l'intérêt de l'Europe ne pouvoit trouver

---

(1) Si on se rappelle ce fameux congrès de Rastadt, qui dura près de dix huit mois, dans lequel on ne vit que débats interminables, dont la fin fut une scène tragique, par l'assassinat des ministres français, le 19 floréal an VII (avril 1799), on doit se ressouvenir quelles furent les prétentions ridicules de toutes les puissances contractantes; toutes ne parloient que de paix, et toutes ne vouloient que la guerre; le gouvernement français, à cette époque, ne fut pas même exempt de ce reproche; les plus grandes difficultés qui s'élevèrent à ce congrès, furent sur le partage du *Talweg* (ou limites du Rhin) et sur le plan d'indemnités pour les princes d'Allemagne. La célèbre bataille de Marengo termina bientôt toutes ces querelles diplomatiques, et le Conquérant de l'Italie, fit plus en un jour, que les diplomates de Rastadt firent en dix-huit mois; il fit plus, dans la suite; il fut un des médiateurs pour le plan d'indemnité en faveur des princes allemands qui avoient perdu leurs possessions sur la rive gauche du Rhin. Enfin, on voit par les traités de Lunéville et d'Amiens, combien le vainqueur de l'Italie fut modéré, en comparaison des prétentions du directoire de France au congrès de Rastadt sus énoncé.

dans

dans un pareil systême, les avantages qu'elle doit se proposer dans les engagemens que les Princes contractent entr'eux, qui doivent toujours être reversibles au bien général, qui ne peut se trouver, sans aucune difficulté, que dans le maintien des lois, et dans l'assurance que chaque Puissance jouira paisiblement de ses privilèges, de son commerce, de la liberté de conscience, et des possessions annexées à chaque Etat respectif; alors, l'équilibre de l'Europe sera le bien réel, que tous les Souverains doivent rechercher dans leur alliance, et dans leur politique. La démarche de l'Angleterre qui semble tendre à engager une guerre générale, démontre la nécessité où l'Europe est, de la ramener à la tranquillité, en portant, d'un commun accord, ses bons offices, pour faire rendre justice à la Puissance offensée ; l'insulte faite par la Grande-Bretagne, attaquant directement la liberté de toutes les Puissances, elles sont obligées de prévenir, par leur bonne intelligence, tous les malheurs qui résulteroient d'un embrâsement général.

On est persuadé que toutes les Puissances seront convaincues que leur intérêt les mène à voir, que la France n'a pas les vues d'ambition qu'on lui a attribuées, et que si quelque Puissance de l'Europe, pouvoit les avoir avec quelque fondement de vraisemblance, ce seroit la Grande-Bretagne : on ne doit pas craindre qu'elle puisse parvenir à la Monarchie universelle, mais, on doit empêcher, suivant la saine politique, que son commerce n'engloutisse tout celui que font les autres nations ; son pavillon, sur mer, mérite une grande considération ; mais s'il demande que le corps général de l'Europe lui décerne des triomphes, et lui rende des hommages, son orgueil lui attire l'indignation, il exige que tous les Souverains ne lui laisse pas prendre un empire si dur. Que tous les habitans de la terre jouissent de leur industrie, de leur petite fortune ; qu'ils trouvent parmi les Nations, de bons amis, des lois sages, pour réunir la société : qu'elle soit respectée des grands et des petits, en un mot, qu'elle trouve de bons alliés, et jamais de maîtres (1).

---

(1) Sans doute, ce raisonnement est conséquent ; il seroit à souhaiter que les Souverains du Continent pussent se réunir dans un congrès général à l'effet d'établir l'équilibre de force et de prépondérance parmi les nations, la liberté des mers seroit reconnue, et

Pour ne laisser aucun doute sur ce qui a été avancé touchant l'ambition de la Puissance Britannique, on suivra ces progrès depuis la mort de la Reine Elisabeth; on fera voir quelles étoient ses forces au moment de cette époque; on mettra sous les yeux du public, ses différentes tentatives, et la part que cette Puissance a prise, dans toutes les guerres; on tâchera de dévoiler sa politique, aussi bien que ses menées secrètes, que le tems a laissé en-entrevoir, malgré l'envie qu'elle avoit de les tenir cachées. Quant aux événemens qui ont suivi ses entreprises, on se contentera de les indiquer; tous les écrivains les ont rendus si diversement, qu'on ne sauroit asseoir un jugement assez juste, pour qu'ils ne fussent pas à l'abri des reproches; les écrivains anglais assurent que cette nation, n'a jamais perdu un combat; ils font de la moindre rencontre une affaire importante, ou une bataille; d'autres écrivains, dans le même tems, les contredisent, et assurent que l'anglais a été quelquefois vainqueur, et souvent vaincu; on est porté à croire l'historien, qui accorde à un

---

le Gouvernement anglais n'outrageroit pas journellement toutes les Puissances maritimes.

peuple des victoires, et qui lui en fait perdre; il est impossible que cela puisse être autrement dans la révolution d'un siècle & demi, quand on essuye plusieurs guerres; comme on ne doit produire dans ce petit ouvrage que des faits, on s'en tiendra à ceux qui ne peuvent être révoqués en doute; pour y soumettre les esprits les plus prévenus, je ne balance pas de rapporter, ce qu'ose dire Mr. Liedard qui a fait l'Histoire navale d'Angleterre, il l'a rendue invincible, et dit mot pour mot : *l'Angleterre se soucie peu de l'équité dans ses entreprises, pourvu qu'elles soient soutenues par la force.* Après un pareil discours on doit être convaincu que les voisins de la Grande-Bretagne ont été, en état plus d'une fois, de la faire repentir d'un propos si choquant; et lorsque cet Ecrivain le hasarda, la Puissance maritime ne jouoit pas un rôle qui dût en imposer à l'Europe.

La Nation Anglaise qui a su mettre à profit sa position, qui semble n'exiger d'elle, aucune démarche qui tende à son agrandissement, jouiroit encore du privilège de persuader l'Europe, si son ambition ne l'avoit pas trahie; en ne portant la vue que sur l'Isle de la Grande-Bretagne on seroit convaincu qu'elle ne sauroit rien ajouter à son Continent; il n'est pas surprenant que les négociateurs de cette nation se soient acquise une supériorité dans la politique ; ils présentoient dans tous les cabinets cette vérité frapante qui séduisoit : « nous ne voulons rien ajouter à notre puissance, notre situation ne nous laisse rien à désirer ; tous nos bons offices, les dépenses que nous faisons, n'ont d'autre objet que l'égalité de l'équilibre. » La conduite anglaise se trouve-t-elle conséquente ? L'Europe doit-elle donner sa créance à de tels discours ? quelques seduisans qu'ils puissent être, les événemens qui les ont suivis déterminent le degré d'assentiment qu'on doit leur accorder ; l'Anglais a voulu avoir des établissemens sur toutes les mers, il se les est appropriés par droit de conquête, n'a-t-il pas voulu envahir l'Amérique? Ces coups d'autorité, de la part de la Puissance Britannique, démasquent son ambition ; ses conquêtes et ses établissemens qu'elle appelle de *convenance*, prouvent ses projets sans bornes; on ne voit plus dans son système de politique, cette souplesse, qui veut persuader; on rencontre dans toutes les négociations, de l'audace, un ton décisif, en un mot, on s'apperçoit que l'Anglais veut parler, en maître, à l'Europe; funeste aveuglement excès d'orgueil! Quelle ivresse! la postérité ne croira pas que dans la révolution d'un siècle et demi, un peuple isolé ait tenté d'imposer le joug au reste des Européens, en annonçant toujours qu'il ne vouloit en rien, augmenter sa Puissance; un tableau fidèle du progrès de ses forces, la circonspecte gradation dont il s'est servi pour les essayer, ses intrigues pour parvenir à ses fins, annoncent mieux à l'Europe ce qu'elle doit prévenir, que ne le feroient les raisonnemens les plus recherchés de la plus flatteuse éloquence.

La maxime constante de la nation Anglaise, est de rabattre les forces de ses ennemis dans la même proportion qu'elle exagère les siennes; ne la contredisons pas, dans son langage ordinaire, ni dans ses Ecrits, qui ne peuvent être faits, que pour en imposer au peuple; on mettra les réflexions qu'on croit judicieuses, à tous leurs articles d'ostentation après les leur avoir accordé sans en rien rabattre.

« Nous possedons, disent les Anglais, deux
« cens vaisseaux de ligne, cent frégattes,
« allèges, paquebots, yachts, brulots, ou galio-
« tes à bombes, quinze mille vaisseaux mar-

« chands, de différente grandeur ; nous sommes
« une nation opulente, libre, et guerrière ;
« nous avons trois royaumes inattaquables ;
« qu'elle est la puissance qui peut payer des ma-
« telots à quatre guinés par mois ? il n'y a que la
« Puissance Britannique. Quel autre état que
« le nôtre peut soudoyer deux ou trois cent
« mille hommes, pour les faire servir à la
« volonté du Souverain, contre celui de ses
« ennemis qu'il veut attaquer ? Depuis nos
« grandes dépenses, nous nous sommes acquis
« le droit d'être les arbitres de l'Europe ; notre
« pluie d'or pénétre dans tous les cabinets
« des Princes ; notre marine nous met en état
« de commencer la guerre où nous voulons ;
« dans tous les tems nous avons commis des
« hostilités avant que de déclarer la guerre ;
« de notre pleine autorité nous avons violé les
« traités les plus solemnels, employé nos
« flottes pour prendre beaucoup de vaisseaux,
« détruit des Colonies, renversé des établis-
« semens, sans que l'Europe ait jamais épousé
« la querelle de la Puissance que nous avons
« attaquée contre toutes sortes de lois ».

Voyons quelles réflexions peuvent se présenter sur ces propositions qu'on veut bien
passer, pour un moment.

En accordant à la puissance Britannique ce nombre prodigieux de vaisseaux qui lui enflent si fort le cœur, demandons-lui à quoi elle les destine ; si elle veut armer ces deux cent vaisseaux de ligne, et ces cent frégates, ou brulots, en mettant quatre cent hommes d'équipage sur les vaisseaux du premier rang, et cent hommes pour les frégates, ou brulots; on trouve quatre-vingt-quinze mille matelots, à quatre guinées par chaque matelots par mois, il se trouve une dépense de 4,560,000 liv. sterling, qui font 104,880,000 liv. tournois ; qu'on ajoute à ce capital les frais des armemens, les appointemens des officiers, les vivres, et les munitions, les voiles de rechange, et autres attirails qui sont indispensables, quand on met des flottes en mer ; on conviendra que l'Angleterre est véritablement une Puissance des plus formidables, si elle est en état de supporter, pendant quelques années seulement cette dépense ; si la marine militaire occupe quatre-vingt-quinze mille matelots, que fera la marine commerçante ? En ne donnant aux quinze mille vaisseaux marchands que huit Matelots pour chaque navire, l'un dans l'autre, il en faut cent-vingt mille : si l'Angleterre veut continuer son commerce, les matelots doivent être payés par les marchands; que l'Angleterre combine tant qu'elle voudra, il faut que les fonds pour les paiemens soient pris dans l'état, et si la marine, militaire gêne la marine marchande, il est démontré que l'état est en souffrance, et qu'il ne peut pas fournir le nombre nécessaire des matelots pour jouir de son commerce, et opprimer, dans le même tems, ses voisins par la force; la puissance maritime perd donc plus au milieu de ses victoires que l'ennemi qu'elle pille; son poids, et sa grandeur doit entraîner sa ruine, si la France lui fait une guerre constante et suivie (1).

Que signifient ces mots : *Nation opulente, libre, et guerrière?* que les Anglais prononcent avec une si grande emphase ; l'opulence consiste-t-elle à payer toutes les années un intérêt de 350,000 livres sterling après avoir fait perdre deux pour cent à ceux qui ont prêté, réduisant les intérêts à trois; un Royaume qui n'a que six cent millions tournois de matière circulante, et qui paye quatre-vingt millions d'intérêts est-il bien riche? j'ose en douter. En quoi consiste cette liberté dont ils se parent? on ne la connoissoit autrefois que pour jouir tranquillement des biens que

---

(1) Le Gouvernement Anglais, sent cette vérité, aujourd'hui, plus que jamais.

la nature avoit donné en partage à des peuples qui s'étoient formés en société, qui se gouvernoient par des lois sages, et pures; la trouve-t-on cette liberté chez une Nation qui a éprouvé des révolutions aussi extraordinaires, et des changemens d'administration continuelles, et qui toujours en bute à deux autorités qui se disputent la souveraine puissance, a été obligée d'avoir recours à des troupes étrangères pour la défendre et lui donner des nouvelles lois? la trouve-t-on, enfin, chez une Nation qui a obéi à un Usurpateur, qu'elle a eu la foiblesse de proclamer, unanimement, son Protecteur, par qui elle a été gouvernée plus despotiquement et plus durement que par ses rois légitimes (1)? si ce sont là les privilèges de sa liberté, je doute que les suisses deviennent jamais assez fous pour l'ambitionner; *qu'est-ce qu'une*

---

(1) Si la France a éprouvé une révolution, si l'ordre a été troublé dans son Gouvernement; elle n'a appelé aucun étranger pour le rétablir; au contraire, elle a supporté seule, le fardeau de ses douleurs, elle a combattu seule, contre toutes les Puissances qui la cernoient. Opprimée encore par ceux qui la gouvernoient, elle a accueilli l'homme rare que la Providence lui a envoyé : elle l'a reconnu pour son Chef, et elle l'a proclamé son Souverain ; mais, sans vouloir trop dire, on pourroit ajouter qu'en 1792 et dans les années postérieures, les troubles en France, eussent été moins grands, si l'or de l'Angleterre

Nation guerrière ? nous voyons constamment que toutes les batailles qui ont été données depuis deux siècles ont été fort balancées, que les voisins de l'Angleterre peuvent leur disputer les avantages qu'ils ont remportés dans quelques-unes ; les généraux qui ont commandé les armées ont fixé la victoire par leur habileté ; les voisins de la puissance britannique peuvent être plus modestes, mais il est décidé qu'ils sont aussi braves. *Nous avons trois royaumes inattaquables* : quiconque ne voit la Grande-Bretagne que du côté de ses forces maritimes, de celui de ses richesses, de ses manufactures, de ses arts, de son agriculture, de sa forme, de son gouvernement, idole de son peuple, penseroit véritablement, que c'est un Etat formidable ; et les deux tiers de l'Europe ont adopté cette créance ; on sera détrompé quand on voudra examiner la position de ces trois Royaumes : ils sont renfermés par sept cent lieues de côtes ; les abordages sont im-

---

n'eût pas alimenté le démon de la discorde, et si ses agens n'eussent pas allumé les torches de la guerre civile, aux quatre coins, et dans le sein de la République Française.

pratiquables sur trois cent ; il en reste donc quatre cent qui l'obligent de se tenir sur la défensive : il seroit bien difficile de garder une si grande étendue de côtes sans se trouver foible, en bien des endroits ; la Puissance Britannique est obligée d'avoir recours aux troupes étrangères pour se garantir des invasions qui la menacent ; si la rapacité du soldat fait frémir, lorsqu'on les tient en corps d'armée, que ne doit-on pas craindre, lorsque ces troupes mercenaires sont divisées, dans l'étendue de quatre cent lieues ? obéiront-elles aux ordres sévères de la police qu'on a prescrits ? Ceci n'est pas un problême ; le soldat n'exécute jamais volontairement les ordres de l'exacte discipline ; d'ailleurs les troupes qui attendent long-tems l'ennemi dans l'inaction, perdent de leur ardeur, et lorsqu'elles sont surprises, elles se persuadent que l'attaque qui vient les heurter de front est fausse, ils craignent pour leurs flancs, et crient : *nous sommes coupés* ; de cette terreur, naît toujours une déroute générale, et la victoire remportée, met le continent de la Grande-Bretagne à la merci du Vainqueur ; plus la déroute augmente, moins on se trouve en état de remédier au désordre ; ce fait ne peut être disputé. Ainsi la Grande-Bretagne est foible, quoiqu'elle annonce une armée formidable dans ses états. Les Indes, la Mer du Sud, l'Amérique, Gibraltar, le Port-Mahon, ses ports respectifs, et les quinze mille vaisseaux marchands, demandent de la protection; si on ne peut pas la leur accorder, l'Etat tombe à l'instant, dans la paralysie; qu'on multiplie les escadres nécessaires pour couvrir ses possessions, et toutes celles qu'il faut pour protéger la marine commerçante ; on verra que la puissance maritime est foible par-tout, et qu'elle peut être insultée dans ses établissemens, ainsi que dans toutes les branches de son commerce; on ne dit rien des divisions qui règnent indispensablement dans son sein, qui lui sont peut-être plus funestes que toutes les attaques de ses ennemis; conséquemment on peut assurer que les forces de la Grande-Bretagne ne sont pas suffisantes, pour faire dans le même tems la guerre défensive et offensive; elle ne peut s'être engagée dans cette dernière, suivant la saine politique , que dans l'espérance de liguer, comme elle a fait autrefois, toute l'Europe contre la France; ce projet lui manquant, elle court à sa ruine, et rend à chaque Membre de la République générale ses anciens droits pour la liberté du commerce.

Quelle est la Puissance qui peut payer des Matelots à quatre guinées par mois ? il n'y a que la Puissance Britannique : cruel aveuglement! toutes les Puissances de l'Europe ont le droit de donner la même solde à leurs Matelots; il reste à savoir si leur politique se trouveroit bien de faire une dépense, qui les mettroient hors d'état de continuer la guerre; payer fort cher des Matelots, en faisant de gros emprunts pour leur solde, c'est énerver l'Etat; on doit suivre préférablement le système des Souverains, qui accordent à leurs sujets, une solde proportionnée au revenu de leurs Etats, sans surcharger par des taxes énormes des Peuples qui gémissent dans la misère, pour payer des impositions qui, rarement leur deviennent reversibles; il résulte donc, qu'une solde aussi considérable, fait un tort irréparable au commerce; les Matelots rançonnent le Marchand pour aller servir sur son bord, par le droit qu'ils ont de lui dire: que *le Roi donne quatre guinées*; on sait cependant, à n'en pouvoir douter, que quand ces malheureux veulent avoir leur paye, ils ne la reçoivent qu'en perdant beaucoup de ce qui leur est dû ; ainsi cette vanité est trop nuisible au bien des Etats pour qu'aucune Puissance puisse se piquer de l'adopter ; l'Anglais peut s'en vanter tant qu'il voudra, sans craindre de trouver des imitateurs.

Quel autre Etat que le nôtre peut soudoyer deux ou trois cent mille hommes, de troupes étrangères, pour les faire servir à la volonté du Souverain, contre celui de ses ennemis qu'il veut attaquer ? Ce privilège est beau pour un peuple qui affiche dans l'Europe qu'il est le seul libre !! Si le Roi peut disposer de deux ou trois cent mille hommes, qu'il fait soudoyer (avec sa politique) par la Nation Anglaise ; on décide sans balancer, que la liberté est une chimère ; tout Souverain qui tient dans ses mains la Puissance Militaire est bientôt maître du peuple, qu'il gouverne ; ce que l'Anglais vante si fort, affligeroit une République sage ; César ne soumit les Romains, qu'à la faveur des Légions qui lui étoit dévouées.

Se trouve-t-il une Nation sur la terre qui puisse nous disputer l'étendue et la liberté du Commerce ? A examiner la position de l'Angleterre et le nombre de ses vaisseaux, on seroit presque forcé de croire que dans cet article, l'Anglais ne sauroit être contredit; on en conviendroit même, si la puissance Maritime n'avoit jamais la guerre; mais, comme elle ne cherche qu'a fomenter des divisions dans lesquelles elle se trouve toujours intéressée, son commerce est, comme celui des autres Puissances, sujet à être troublé, et souvent envahi; le commerce intérieur des trois Royaumes, ne peut se faire que par Mer; celui de l'Amérique et des Indes Orientales, est exposé, comme celui de toutes les Nation, à la décision d'un combat naval, aux courses d'un nombre d'Armateurs plus forts, plus adroits, ou plus intrépides, en un mot, à tous les événemens attachés à la guerre. La France, l'Espagne, et la Hollande lui ont appris souvent, que son commerce n'avoit pas de fondemens plus solides, que celui des autres Nations, mais qu'au contraire, plus il est étendu, plus il est sujet à être insulté; l'orgueil de la Puissance Anglaise l'aveugle si fort, qu'elle croit réellement toutes les puérilités, qu'on débite au peuple, pour l'amuser.

Le Gouvernement dit continuellement : *les fonds qui ont été levés pour soutenir de grandes guerres, nous ont acquis le droit de décider toutes les querelles qui naissent dans l'Europe;*

l'Europe nous portons nos flottes chez tous les Souverains qui ont des ports maritimes, et notre pavillon y donne des lois; le peuple Anglais en est-il plus riche, plus heureux, plus libre, et plus puissant ? Toutes ces dépenses aboutissent tout au plus à faire connoître à l'Europe, les mesures qu'elle doit prendre, pour abaisser une Puissance, qui prend trop le dessus; ce ton de maître n'a rien d'imposant pour la République générale, il flatte seulement une Nation, qui croit, dans le moment de son ivresse, en imposer à tous ses voisins; les malheurs que cette fierté insolente lui a attirés, ne la corrigent que lorsqu'elle est réduite à l'épuisement; la guerre de 1688 en est un exemple bien sensible; ce Peuple ne disoit pas alors : *Nous décidons toutes les querelles des Souverains.*

Notre pluie d'or pénètre dans tous les cabinets des Princes. Quelle ostentation ! il n'en fut jamais de si déplacée; une Nation qui se pique de penser, ose-t-elle avancer un propos si ridicule, peut-on s'aveugler à ce point, sur ses propres intérêts ! Car enfin en supposant que, par le moyen de leurs guinées, les Anglais aient l'entrée libre, dans le cabinet de quelques Princes, est-il de la prudence de

P

s'en vanter, de le publier ? Quiconque a la foiblesse de recevoir, peut enfin ouvrir les yeux sur la honte qui en résulte, et par un repentir légitime, fermer la porte qu'il ouvroit; d'ailleurs, les sources où l'Anglais a puisé jusqu'ici, cette pluie d'or, peuvent lui être fermées, et quelle quantité qu'il en ait, il en verra bientôt la fin, pour peu que la guerre dure.

Notre Marine nous met en état de commencer la guerre, où nous voulons; ce beau privilège assure-t-il aux Anglais, qu'ils la finiront quand ils voudront et à l'endroit que bon leur semblera ? La termineront-ils à l'avantage de la Nation? ou seront-ils ruinés sans ressource avant la fin de cette guerre ? le tems nous éclaircira; c'est un problême qui ne sauroit être décidé, qu'après les événemens, qui sûrement sont douteux, tout le tems qu'on a les armes à la main; une bataille navale perdue, peut décider, dans un instant, du sort de l'empire des Mers ; l'Anglais joue aussi gros jeu en pareil cas, que la Puissance qu'il a attaquée, et si le bon droit donne de l'avantage, la puissance Maritime ne doit pas se flatter d'avoir le dessus, puisqu'il est bien démontré qu'elle s'est engagée dans une guerre des plus irrégulières.

Dans tous les tems nous avons commis des hostilités avant de déclarer la guerre ; de notre pleine autorité nous avons violé les traités les plus solennels, nos flottes ont commencé de prendre beaucoup de vaisseaux, d'envahir des Colonies, de renverser des établissemens, et jamais l'Europe n'a embrassé la querelle de la Puissance que nous avons attaquée contre toutes les lois. Belle prérogative ! la Nation anglaise a bien raison de suivre le même système, puisqu'il lui a si bien réussi pendant un siècle et demi (1).

Nous en trouvons un exemple dès l'année 1583, lorsque le Chevalier Hubert Humphry prit possession de Terre-Neuve, au nom de la Reine Elisabeth, qui lui en avoit accordé le domaine, quoique les Basques, les Normands, et les Bretons y eussent un établissement de-

───────────────

(1) La prise des frégates espagnoles en 1805, n'est donc point un essai, ou une nouveauté de la part de l'Angleterre. *Le Politique Danois* nous apprend que c'est sa *louable* coutume, depuis un siècle et demi ; est-il croyable que les Puissances maritimes n'ayent pas encore mis un frein à une telle domination ! ! ! …

puis l'année 1504, et qu'ils fissent, sans aucune contradiction, cette pêche sous le pavillon Français, sur toute l'étendue du grand banc et de la côte de Canada; cette concession est-elle équitable? suffit-il pour enlever un pays à ceux qui en sont en possession depuis près d'un siècle, de le donner à quelqu'un? Il ne s'agit pas de justifier l'invasion par la découverte de Cabot, c'est un fait connu de toutes les Nations, que les Bretons, les Normands, et les Basques avoient découvert Terre-Neuve, avant que Cabot se mit en voyage: nous voyons même dans de bons Mémoires, qu'en l'année 1506, un habitant de Honfleur, appellé Jean Denis, avoit tracé une Carte du Golphe, qui forme l'Isle de Terre-Neuve avec la côte de Canada que nous appellons le Golphe St.-Laurent.

En 1611 les Français qui étoient établis sur le mont-Mansel, à Ste.-Croix, et à Port-Royal, furent insultés par les Anglais, qui dirent pour toute raison que, *ce voisinage leur déplaisoit.*

Le chevalier Walter Reding forma le projet, en 1617, d'enlever aux Espagnols les mines d'or de la Guyanne, il arma douze vaisseaux pour cette expédition ; il avoit cinq compagnies de troupes réglées pour le débarquement ; le Roi lui accordant une commission particulière, prit les précautions qui lui parurent les plus sages, pour éviter que l'Espagne pénétrât qu'il avoit consentit à cette entreprise ; plus la chose paroissoit difficile, plus la commission étoit susceptible d'interprétation, la réussite dans le projet devoit mériter l'approbation, ou le désaveu ; le chevalier Reding le plus grand homme que l'Angleterre eut dans ce tems-là, échoua dans son entreprise, il mit peut être trop de dureté dans les succès qu'il remporta, en brulant, pillant, et saccageant la Ville de St.-Thomas ; ce pillage ne remplissoit pas l'objet que le Roi s'étoit proposé, et ne dédommageoit pas les Armateurs de leur mise hors ; ils avoient espéré au moins un bénéfice de quinze cent pour cent, et le doux espoir de puiser de l'or dans les mines appartenant aux Espagnols ; l'expédition manque, les plaintes de l'Ambassadeur d'Espagne sur une infraction si contraire aux traités, la réparation authentique qu'il demanda, coûtèrent la tête au chevalier Reding : s'il avoit réussi on auroit frappé une Médaille à son honneur; il fut malheureux, il périt sur un échafaud (1).

Les plus grands efforts de la puissance Britannique furent pour la Virginie; on expédia vingt-un vaisseaux pour cette colonie, qui portoient des hommes et des femmes pour s'y établir et des animaux de toute espèce pour peupler dans ce beau pays; quoiqu'il n'y eût aucune rupture le capitaine Argall, insulta les Français établis au Nord de la nouvelle Angleterre, et à Port-Royal dans le Canada; le Roi de France s'en plaignit amèrement; ce capitaine eut ordre d'abandonner son gouvernement de la Virginie, cette satisfaction ramena la tranquillité, et la bonne intelligence dans les Colonies, alors, les puissances continuèrent à jouir de la paix.

Les Hollandais avoient associé les Anglais pour un tiers dans le commerce des épiceries qu'ils faisoient aux grandes Indes, par un traité passé en 1619; comme la bonne in-

---

(1) Telle est donc la politique rafinée du gouvernement anglais, ou plutôt son machiavélisme!!!... Mon silence à l'égard d'un trait aussi horrible, persuadera mon lecteur que je partage l'indignation de tout homme de bien, sur un tel procédé.

telligence n'avoit pas formé cette alliance, mais plutôt la nécessité, afin que leurs forces étant réunies, ils pussent parvenir à ôter à l'Espagne et au Portugal un pays si riche, et si lucratif pour le commerce, les Anglais aidés de quelques Japonais qu'ils avoient mis dans leur parti, tentèrent en 1624, d'enlever à leurs alliés, les îles Molucques, Banda et Amboine, ils n'y avoient que des comptoirs, et ne faisoient ce commerce que sous la protection des Provinces-Unies; le gouvernement étoit aux Hollandais, aimés et chéris des peuples; pour s'affranchir de cette servitude, les Anglais commencèrent par essayer de s'emparer du fort et du château d'Amboine; la conspiration fut découverte, ils furent arrêtés avec les Japonais qui étoient entrés dans le complot, et subirent de la part des Hollandais les cruautés les plus inouies, et des supplices de nouvelle invention; les Etats Généraux restèrent maîtres de ces places, et de ces richesses préférables aux mines du Mexique; dans cette même année, les Anglais vinrent s'établir à Saint-Christophe; ils y arrivèrent le 28 juin, et y trouvèrent quatre ou cinq cents Français qui firent leurs efforts pour mettre les Indiens dans leur parti, et s'opposer à ce nouvel établissement ; l'Histoire Navale d'Angleterre convient de ces faits ; ce qui prouve que les Français étoient les premiers occupans, mais, que leur nombre n'étoit pas suffisant pour conserver leurs possessions. Jacques I mourut le 28 Mars ; suivant le dénombrement fait à sa mort, il avoit augmenté sa Marine de neuf vaisseaux de guerre, elle ne consistoit à la mort de la Reine Elisabeth qu'en trente-trois, de différente grandeur.

La surprise de Cadix sans aucune déclaration de guerre fut le premier événement du règne de Charles I. Elle échoua ; pour le dédommager, les Anglais portèrent leurs forces, étant en pleine paix, sur la flotte Hollandaise qui faisoit la pêche dans les Mers étroites, et la forcèrent de payer trois mille livres sterlings pour la continuer ; la Hollande s'en plaignit amèrement et inutilement.

Les années 1650, 1651, 1652, 1653, furent très-orageuses dans toutes les Isles de la Grande-Bretagne, l'indécision du peuple occupoit d'abord les esprits, et mettoit une si grande division dans tous les ordres de l'état qu'il sembloit que l'Angleterre alloit être anéantie ; l'ambition de s'approprier l'Empire des Mers rapprocha les sentimens des différens partis, qui sembloient vouloir se disputer l'autorité souveraine ; le Parlement prit le dessus, et malgré la règle informe de son administration, il mit en Mer, une flotte des plus considérables contre les Hollandais qui venoient d'engager une guerre avec l'Angleterre, pour se venger des mauvais traitemens qu'on leur faisoit pour le droit de pêcher ; ces deux Puissances qui aspiroient également à l'empire des Mers, se donnèrent des combats maritimes des plus sanglans, ils furent réitérés avec un acharnement qui tenoit de la fureur ; le fameux Ruyter s'acquit une gloire qui sera dans tous les siècles en vénération ; dans le tems qu'elles mesuroient leurs forces, et qu'elles se disputoient cette supériorité que chacune vouloit s'arroger, l'Europe voyoit assez tranquillement des flottes toujours battues, et des efforts continuels pour en remettre en mer, à chaque instant, afin de conserver les avantages que les combats leur avoient donnés ; elles se faisoient beaucoup de mal réciproquement sans qu'il y eut jamais rien de décidé, effet ordinaire des combats maritimes.

Les Anglais projetèrent en 1654, d'enlever, sans aucune déclaration de guerre, les possessions des Espagnols, dans les Indes Occidentales; l'Amiral Blake prit les Galions qui revenoient sur la foi des traités. L'Amiral Montague parcourant les côtes d'Afrique prit quelques vaisseaux Espagnols, qui revenoient des Indes; comme il n'y avoit point de déclaration de guerre, et que l'Angleterre vouloit, alors, ménager l'Espagne, elle restitua ce qui avoit été pris; Charles II, trouva, à son avénement au trône de la Grande-Bretagne, cent vaisseaux de guerre.

Si les bornes qu'on s'est prescrites dans cet Ouvrage permettoient de rapporter les différentes violations des traités, et tous les attentats que la Grande-Bretagne a commis contre ses voisins, l'Europe seroit convaincue qu'elle n'a jamais respecté les lois les plus sacrées; occupée uniquement de ses desseins ambitieux, ou à étendre son commerce, elle y a travaillé efficacement; ce fameux équilibre de l'Europe, l'ambition démesurée qu'elle a attribué à la France, la seule Puissance qui lui fut redoutable, phantômes qu'elle a présentés depuis l'avénement de Guillaume III, en ont imposé à tous les Souverains; profitant habilement, de leur crédulité, elle a su leur persuader, que ne cherchant que le bien général, ils ne devoient prendre aucune part dans les hostilités qu'elle a commises dans tous les tems contre les Français ; on n'a raconté qu'une petite partie de ces faits éloignés ; un volume entier ne suffiroit pas pour les rapporter ; chaque année, depuis deux siècles, nous en fourniroit plusieurs ; l'histoire nous prouve, que l'Angleterre ne s'est jamais départie de ce système ; mais cette même histoire nous apprend que les nations, qui ont voulu imposer le joug à leurs voisins, ont, enfin, été subjuguées, ou réduites dans un état de foiblesse, qui nattiroit plus que leur compassion ; les Républiques commerçantes l'ont constamment éprouvé ; on pourroit en citer grand nombre ; on se contentera seulement de parler de celle de Carthage, qui est un exemple bien frappant pour la Grande-Bretagne ; Carthage faisoit le commerce de tout le monde connu, et attiroit par là, chez elle, toutes les richesses ; elle avoit grand nombre de troupes étrangères à sa solde ; elle armoit de puissantes flottes ; ses navires marchands couvroient les mers, elle en affectoit la domination ; Carthage a primé un tems, elle a été subjuguée, et enfin, détruite : son nom, ses tirannies, les discours pleins de hauteur, de ses généraux, et de ses négociateurs, ont été transmis à la postérité ; et on ignore, presque, où sont ses ruines ; je me contenterai en finissant cet ouvrage de rapporter un trait pour prouver que Carthage affectoit la domination des mers : Hannon traitant pour les Carthaginois avec les Romains leur déclara ; *qu'ils ne souffriroient pas qu'ils se lavassent les mains dans les mers de Sicile*, ne pouroit-on pas l'appliquer aux Anglais ? Si l'on ne met des bornes à leurs folles prétentions, si l'Europe s'endort, et ne songe pas à mortifier leur insolence, on les verra bientôt signifier à toutes les nations commerçantes, *qu'ils ne souffriront pas qu'aucunes d'elles ose se laver les mains dans les mers du nouveau monde* (1).

―――――

(1) Ici se terminent les réflexions du *Politique Danois*, mais, qu'il me soit permis de citer, encore, quelques faits, puisés dans l'histoire : qui, loin d'être étrangers au sujet que je traite, confirmeront les dispositions pacifiques de la France, dans tous les tems, et la politique astucieuse et constante du cabinet de Londres.

LE POLITIQUE DANOIS a suffisamment prouvé que c'est l'Angleterre qui, en 1755, a troublé l'harmonie dont jouissoit l'Europe. Voyons les efforts qu'à faits le Monarque Français, (Louis XV), pour rétablir la paix, et voyons, encore, la conduite de l'Angleterre à cet égard.

Après cinq années d'une guerre maritime et continentale, les cours de France et de Londres se rapprochèrent ; des négociations furent entammées au mois de mars 1761, elles durèrent jusqu'au mois de septembre de la même année.

D'abord l'Angleterre avoit cherché tous les moyens de s'allier avec l'Impératrice Marie-Thérèse d'Autriche, contre la France ; et ne pouvant y réussir, elle entraîna dans son parti le grand Frédéric, par le traité de Witchall ; alors, le cabinet de Londres s'engagea donc, dans une guerre maritime contre la France, et encore dans une guerre continentale, contre cette même Puissance qui, alliée avec l'Impératrice d'Autriche, par le traité défensif du premier de mai 1756, soutint les deux guerres comme je vais le détailler, le plus succinctement possible.

La rupture de l'Angleterre avec la France, eut pour prétexte, la fixation des limites de l'Acadie et du Canada qui avoit été laissée, par le traité d'Aix-la-Chapelle, à la décision des Commissaires nommés par les deux Puissances (1) : il paroît que les Commissaires Anglais ne s'entendirent pas avec ceux nommés par la France, et que les discussions furent renvoyées aux cabinets de Versailles et de Londres : Louis XV sentit bien que l'Angleterre cherchoit de nouvelles difficultés pour arriver à une rupture, il chargea M. le Duc de Mirepoix, son ambassadeur à Londres, d'applanir les différens existans : mais, tandis que le négociateur étoit en pour-parler, la cour de Londres ordonnoit la prise des vaisseaux françáis ; et l'*Alcide* et le *Lys* furent capturés au mépris de la foi des traités, et du droit des gens : il n'en fallut pas d'avantage pour déterminer la France à déclarer la guerre à l'Angleterre.

Le cabinet de Londres, connoissant l'alliance de la Maison de Bourbon, avec celle d'Autriche, se réunit, comme je l'ai dit, au Roi de Prusse : Ce Monarque belliqueux,

---

(1) Voyez page 3 et 4.

commença la guerre de 1756 par l'invasion de la Saxe, et l'attaque de la Bohème; alors, le Roi de France se vit forcé de combattre les anglais sur mer, et d'envoyer un corps d'armée au secours de la Reine d'Hongrie; mais, voulant séparer la guerre maritime de la guerre continentale, afin de faciliter les négociations de paix lorsqu'elles auroient lieu, il proposa, en 1757, au Roi d'Angleterre la neutralité d'Hanovre, et sa Majesté Britannique, comme Electeur de ce pays, s'y refusa, elle fit passer dans ses Etats héréditaires d'Allemagne, le Duc de Cumberland, son fils, pour s'opposer à la marche des Français que Louis XV envoyoit à son alliée : les exploits du Duc de Cumberland ne furent pas plus brillans, que ne furent de nos jours, ceux du Duc d'Yorck : car le Prince anglais termina, comme l'on sait, sa *brillante* campagne, par la capitulation de CLOSTER-SEVEN, à la fin de 1757; mais la cour de Londres, loin de ratifier cette capitulation, ordonna, au contraire, la réunion de son corps d'armée, à l'armée prussienne, et sans respect pour la signature du fils du Roi, les troupes anglaises reprirent toute leur activité de service, contre la France et ses alliés.

Je n'entrerai ni, dans les détails de cette guerre, ni, dans les succès, ni enfin, dans les pertes de chacune des Puissances belligérantes, je me bornerai, seulement, à donner une idée des dispositions de chacune, soit pour la continuation de la guerre, soit pour la paix.

En 1758, la France, par l'intermédiaire du Roi de Dannemarck, proposa une négociation aux Cours de Londres et de Berlin : la réponse du Cabinet de Londres fut d'un style hautain et impérieux qui fit évanouir toute espèce de conciliation. Cependant, au mois de novembre 1759, les deux Cours ci-dessus désignées, firent remettre aux Ministres de France, de Vienne et de Russie qui se trouvoient à la Haye, une déclaration par laquelle elles proposoient, (*pour se soumettre aux devoirs de l'humanité, et faire cesser les calamités de la guerre*, d'établir un congrès, dans le lieu qui paroîtroit le plus convenable, pour y traiter d'une *paix solide et générale.*

Comme cette déclaration ne parloit aucunement de la Suède, ni du Roi de Pologne, comme Electeur de Saxe, le Roi de France, après avoir consulté l'Impératrice de Russie

et

et ses alliés, répondit aux Cours de Londres et de Berlin ; que leurs Majestés les Impératrices de Russie et d'Autriche étoient disposées à accepter l'offre d'un congrès, mais, qu'il étoit indispensable de ne pas y appeler le Roi de Suède, et le Roi de Pologne (ce dernier, comme électeur de Saxe), qui se trouvoient directement en guerre avec le Roi de Prusse : le Monarque français ajouta dans sa déclaration, que le Roi d'Espagne avoit offert sa médiation pour terminer tous les différends entre les parties belligérantes : et qu'en conséquence, il avoit ordonné au Comte d'Affry, son Ambassadeur à la Haye, d'entrer en conférence à cet égard, avec le Général Yorck, envoyé extraordinaire du Roi de la Grande-Bretagne.

Ces conférences prouvèrent, de nouveau, que le Roi d'Angleterre étoit bien éloigné de traiter de la paix, tout en annonçant continuellement des dispositions pacifiques. Néanmoins, la ville d'Ausbourg fut proposée et acceptée pour le lieu du Congrès.

Dans toutes ces discussions diplomatiques, M. le Duc *de Choiseul*, représentoit le Monarque français, et M. *Pitt* (1) parloit pour le Roi de la Grande-Bretagne. Les deux Puissances, pour la paix de l'Allemagne, furent représentées au congrès, savoir : le Comte *de Choiseul*, pour la France : MM. *d'Egremont, de Stormont*, et le Chevalier *Yorck*, pour l'Angleterre ; il fut arrêté, en outre, que les Cours d'Angleterre et de France enverroient repectivement un plénipotentiaire à Paris et à Londres, pour traiter efficacement de la paix maritime. M. *de Bussy*, fut l'envoyé de France en Angleterre, et M. *Stanley*, fut celui de Londres à Paris.

Croiroit-on, après ces dispositions pacifiques, après l'envoi des Plénipotentiaires respectifs, que les discussions furent longues, minutieuses et désagréables, et qu'enfin, le résultat fut la rupture des négociations : c'est ce qui arriva, ainsi que je vais le démontrer.

Pendant le cours des négociations, la correspondance fut très-active : le Roi de France manifestoit le désir de faire sa paix particulière avec le Roi d'Angleterre, afin

---

(1) Depuis, Lord Chatam et père du Ministre aujourd'hui, *Régnant*.

d'éviter des longueurs, et sans contracter aucun engagement qui pût nuire à ses alliés sur le continent; l'Angleterre, au contraire, vouloit unir la paix du Continent avec celle de l'Amérique, pour augmenter les incidens et les embarras.

Les notes et mémoires de la France étoient clairs, précis et dégagés de toutes interprétations; les réponses de l'Angleterre étoient entortillées, astucieuses et évasives; et pendant tous ces débats, le Cabinet de Londres ne cessoit d'exercer ses pirateries, quoique le Cabinet de Versailles eut demandé à plusieurs reprises, le *Statuquo*, depuis l'ouverture des négociations jusqu'à la paix. Néanmoins, le Roi de la Grande-Bretagne parut accepter ce *Statuquo*, par son mémoire, en date du 8 avril, 1761, mais il se refusa d'en fixer les époques; or, c'étoit comme s'il avoit rejeté la proposition. Ce qui prouva évidemment la duplicité de l'Angleterre, ce fut le siège et la prise qu'elle fit, de Belle Isle tandis qu'elle avoit un Ministre à Paris, pour traiter de la paix.

Un grand nombre de notes, de mémoires et de lettres, fut envoyé par les Cours respectives.

Le Roi de France n'ignoroit pas les vexations que la Grande-Bretagne faisoient éprouver à l'Espagne ; il demanda, par son mémoire du 15 juillet 1761, que sa Majesté Catholique « fut invitée à garantir le traité de « paix futur entre la France et l'Angleterre »....

Louis XV, disoit encore dans son mémoire : « Les différends de l'Espagne avec l'Angle-« terre, me font craindre, s'ils n'étoient pas « ajustés, une nouvelle guerre en Europe et « en Amérique ; le Roi d'Espagne a confié à « sa Majesté très-Chrétienne, les trois points « de discussion qui subsiste entre sa Cou-« ronne et la Couronne Britannique, les-« quels sont :

1°. *La restitution de quelques prises faites pendant la guerre présente sur le pavillon Espagnol;*

2°. *La liberté à la Nation Espagnole de la pêche sur le banc de Terre-Neuve ;*

3°. *La destruction des Etablissemens Anglais, formés sur le Territoire Espagnol, dans la Baye d'Honduras.*

On voit par ces chefs de demande, que quoique la Grande-Bretagne fut en paix avec l'Espagne, elle n'avoit pas moins fait des prises sur les Espagnols, et fait bâtir sur le Territoire du Roi.

A cette époque, le Roi de France informoit sa Majesté Britannique, que l'Impératrice Marie-Thérèse consentoit que la France fît sa paix particulière avec l'Angleterre, aux conditions cependant, que 1°. « on conserveroit
« provisoirement la possession des Pays ap-
« partenans au Roi de Prusse ; 2°. que le Roi
« d'Angleterre, soit comme Roi, soit comme
« Electeur, ne donneroit aucun secours, ni
« en troupes, ni de toute autre espèce au
« Roi de Prusse ; enfin, que la France s'enga-
« geroit à en faire autant envers la Reine
« d'Hongrie, et ses alliés ».

Quelle réponse fit le Gouvernement Anglais, à ce mémoire ? On la voit dans une lettre de M. Pitt à M. de Bussy, en date du 24 juillet 1761, dont voici l'extrait.

« Je dois vous déclarer *très-nettement*,
« Monsieur, au nom de sa Majesté, qu'elle
« ne souffrira point que les disputes de l'Eu-
« rope soient mêlées dans la négociation de la
« paix des deux couronnes.... En outre, *on*
« *n'entend pas* que la France ait, *en aucun*
« *tems*, droit de se mêler de pareilles discus-
« sions entre la Grande-Bretagne et l'Espa-
« gne... Le Roi m'ordonne de vous *renvoyer*
« le mémoire ci-joint, touchant l'Espagne,

« comme *totalement inadmissible*, et celui re-
« latif au Roi Prusse, comme *portant atteinte*
« *à l'honneur de la Grande-Bretagne*, et
« *à la fidélité avec laquelle sa Majesté rem-*
« *plira ses engagemens avec ses alliés....* » (1)

Le style arrogant et audacieux de cette lettre, déplut beaucoup à la Cour de France, et les Puissances de l'Europe en furent indignées ; mais, elle atteint le but que le Gouvernement Anglais s'étoit proposé, celui de rompre les Négociations ; et en effet le Roi de France soutint sa dignité, en adressant à sa Majesté Britannique un mémoire, dans lequel il annonçoit bien franchement sa volonté, et auquel le Roi d'Angleterre répondit avec autant de fierté que d'orgueil. Mais, avant de donner une idée de ces deux pièces, faisons l'énumération des conquêtes de chacune des deux Puissances dans cette longue guerre, surnommée : *la Guerre de sept ans.*

L'Angleterre avoit conquis dans l'Amérique Septentrionale, *le Canada, les Isles Royales*, et celles de *Saint-Jean*, situées dans le Golfe de Saint-Laurent ; dans l'Amérique Méridionale, *les Isles de la*

―――――――――――――――――――――
(1) *La fidélité de S. M. envers ses alliés* ! ! ! Hélas ! il ne faut que parcourir les feuilles de l'Histoire pour reconnoître la fausseté de cette assertion ! !

Guadeloupe et *de Marie - Galante ;* en Afrique, *le Sénégal* et *l'Isle de Gorée* ; en Asie, *Pondichéry*, et *les Etablissemens Français de la Côte de Coromandel ;* En Europe, *l'Isle de Belle Isle*, attaquée pendant le cours des négociations, et prise par les Anglais, pendant que le Roi de la Grande-Bretagne traitoit de la paix avec la France.

La France, de son côté, avoit conquis l'*Isle de Minorque*, avoit rétabli quelques parties du port *Dunkerque*, dont la démolition avoit été arrêtée par le traité d'Utrecht ; elle possédoit en Allemagne, *le Comté de Hanau*, *le Landgraviat de Hesse*, et *la ville de Gottingen*, dans l'Electorat d'Hanovre ; elle occupoit, encore, les villes de *Wesel* et de *Gueldres*, pour l'Impératrice - Reine, et desquelles le Roi de France n'avoit que la garde, seulement.

Par le mémoire de la France, énoncé plus haut, Louis XV proposoit à l'Angleterre :

1°. De lui céder le Canada, à condition que la liberté de la Religion Catholique-Romaine y seroit conservée ; et que les habitans Français ou autres, qui voudroient quitter la Colonie, pourroient vendre leurs biens librement, et se retirer où ils désireroient, sans être aucunement inquiétés pour fait d'émigration, etc.

2°. Que les limites du Canada, relativement à la Louisiane, fussent clairement et irrévocablement fixées.

3°. Que la liberté de la pêche, et de la sècherie de la morue, sur le Banc de TERRE-NEUVE, fut assurée aux Français.

4°. Que la Grande-Bretagne restituât à la France, l'ISLE ROYALE ou le CAP-BRETON, à condition que la France entretiendroit des Etablissemens civils, et le Port, pour la commodité des habitans pêcheurs; mais qu'elle ne pourroit établir dans l'Isle aucune fortification.

5°. Que la France restitueroit à l'Angleterre l'Isle de MINORQUE, et le Fort St.-PHILIPPE, et que l'Angleterre restitueroit à la France l'Isle de la GUADELOUPE, et de MARIE-GALANTE.

6°. Que les Isles de la DOMINIQUE, SAINT-VINCENT, SAINTE-LUCIE et TABAGO, fussent déclarées neutres : ou seulement les deux premières, et que TABAGO fut en toute souveraineté à l'Angleterre, et que SAINTE-LUCIE fut de même à la France.

7°. Que l'Isle de Belle Isle fut restituée à la France.

8°. Que la France feroit évacuer, par ses armées d'Allemagne, le Landgraviat de Hesse, et le Comté d'Aunau, à condition qu'aucune des troupes Anglaises ne se réuniroient à celles du Roi de Prusse contre la Reine d'Hongrie.

9°. Que toutes les prises faites sur mer par la Grande-Bretagne, avant la déclaration de guerre, fussent entièrement restituées (1).

---

(1) La France disoit, « Des sujets, qui sous la foi des traités, du droit des gens et de la paix, naviguent et font leur commerce, ne peuvent pas justement souffrir de la mésintelligence établie dans le cabinet des deux Cours, avant qu'elle leur soit connue. Les déclarations de guerre ne sont établies que pour publier aux peuples, les querelles de leurs Souverains, et pour les avertir que leurs personnes et leur fortune ont un ennemi à craindre : sans cette déclaration convenue, il n'y auroit point de sûreté publique : chaque individu seroit en danger ou en crainte, au moment qu'il sortiroit des limites de sa nation : si ces principes sont incontestables, il reste « à examiner « la date de la déclaration de guerre des deux cou- « ronnes, et la date des prises : tout ce qui est pris « antérieurement à la déclaration, ne peut être ad- « jugé de bonne prise sans bouleverser les lois les plus « saintes. . . . . . (Voyez pag. 156).

A cet article, l'Angleterre répond :

« La restitution des prises sur mer ne sauroit être

Le 29 Juillet 1761, l'Angleterre répond :

1°. Qu'elle accepte, sans exception quelconque, la possession entière du Canada.

2°. Qu'elle ne relâchera *jamais l'Isle du Cap Breton*, et toutes les autres Isles dans le Golfe ou dans le Fleuve de St.-Laurent, ainsi que du droit de pêche, qui en est inséparable.

3°. Les limites du Canada seront fixées; mais, on ne pourra jamais admettre que tout ce qui n'est point le Canada, soit de la Louisiane, ni que les bornes de la dernière Province susdite s'étendent jusqu'aux confins de la Virginie, ou à ceux des Possessions Britanniques, sur les bords de l'Othio...

4°. Le Sénégal et toutes ses dépendances,

« reçue, une telle précaution n'est fondée sur aucune convention particulière, et n'émane nullement du droit des gens, puisqu'il n'y a pas de principes moins sujets à contestation que celui-ci. « *Viz.* Que le plein droit de toutes opérations hostiles ne résulte point d'une déclaration formelle de guerre, mais, des hostilités dont l'agresseur a usé en premier lieu ».

(Ainsi, il est permis à l'Angleterre de prendre tout ce qu'elle voudra, et si une puissance lui déclare la guerre pour les vols qui sont faits, à elle ou à ses sujets, elle devient *l'agresseur*, et l'Angleterre ne doit rien rendre).

ainsi que l'Isle de Gorée, seront cédés à la Grande-Bretagne, de la manière la plus pleine et la plus ample.

5°. Dunkerque sera réduite à la condition où elle doit se trouver, suivant le traité d'Utrecht, sans quoi aucune paix ne peut être admissible ; sa Majesté Britannique ne pourra jamais consentir aux demandes de la France, relatives à la pêche, et à la sècherie de la morue sur le Banc de Terre-Neuve.

6°. Le Roi d'Angleterre consent à une partition égale des Isles dites Isles-Neuves; mais cette répartition sera réglée dans le traité futur.

7°. La France fera immédiatement la restitution de toutes les places qu'elle occupe en Allemagne, qui appartiennent au Landgrave de Hesse, au Duc de Brunswich, et à l'Electorat d'Hanovre, ainsi que de Vesel, et de toutes les autres villes appartenantes au Roi de Prusse.

8°. L'Angleterre rendra à la France Belle-Isle, la Guadeloupe, ainsi que l'Isle de Marie-Galante, et la France rendra à l'Angleterre l'Isle de Minorque.

9°. L'Angleterre ne consentira jamais que la France reste en possession d'Ostende et de Nieuport ; les deux places susdites seront évacuées, *sans retardement*, par les garnisons Françaises.

10°. Dans le cas d'une paix particulière entre la France et l'Angleterre, sa Majesté Britannique continuera de donner des troupes auxiliaires au Roi de Prusse, et la France pourra en donner de même à ses alliés, etc.

Voilà enfin les prétentions respectives des deux Puissances : on voit, donc, les conditions dûres que l'Angleterre imposent à la France : on voit que par l'article VII, elle entend que la France évacue toutes les places qu'elle occupe en Allemagne ; et par l'article X, elle veut continuer de donner des secours au Roi de Prusse contre les alliés de la France ; il est vrai, que par cet article, elle consent que la France puisse continuer ses bons offices envers l'Impératrice Marie-Thérèse et ses alliés. Mais si d'un côté la France évacue l'Allemagne, comment pourra-t-elle soutenir ses alliés?..

On voit, encore, combien l'Angleterre vouloit humilier la France, en exigeant la démolition du Port de Dunkerque, et l'évacuation d'Ostende et de Nieuport.

Le 5 août 1761, la France envoya son *Ultimatum* à l'Angleterre.

La Réponse de sa Majesté Britannique, en forme d'*Ultimatum*, porte la date du 9 septembre suivant.

Par ses deux pièces, on voit à peu près les mêmes prétentions des deux Cours ; mais, on remarque, du côté de la France, le grand désir de la paix, même en faisant des sacrifices sur plusieurs points de ses demandes ; et on voit, au contraire, l'Angleterre exiger davantage, à mesure que la France fait des sacrifices au bonheur de la paix.

Enfin, le Ministre Anglais, (M. Stanley), et le Ministre Français, (M. le Comte de Choiseul), reçoivent, à la fin de septembre 1761, leurs passe-ports, pour retourner près de leur Cour respective, et graces au Gouvernement Anglais, le sang humain coula encore, pendant deux ans, malgré la sollicitude de la France, pour le rétablissement de la paix.

Le traité de Versailles en 1763, prouve évidemment l'esprit pacifique du Monarque Français : il fit des sacrifices énormes, parmi lesquels, on remarque celui de la destruction, du port de Dunkerque, ce qui donna vulgairement, à ce traité, la dénomination, *de traité honteux*. Le cabinet de Londres fut, donc, de tous les tems, l'ennemi de la France; il pille ses vaisseaux, en tems de paix, et il crie *à l'ambition*, lorsqu'on lui déclare la guerre. Mais suivons la marche de l'Angleterre, depuis 1793, jusqu'en 1805.

Le Gouvernement anglais, voyant une révolution qui devoit s'opérer en France, en fut un des premiers moteurs, et il fut un des premiers instigateurs des troubles qui affligèrent cet Empire depuis 1789 : l'Angleterre ne cherchoit pas à envahir la France, mais, en établissant la discorde dans son sein, tandis que les Puissances du continent Européen, étoient armées sur les frontières, elle s'attendoit bien que les Français seroient vaincus, et en partie, détruits ; que leur territoire éprouveroit le sort de la Pologne, et que la Grande-Bretagne augmenteroit se possessions coloniales, et son despotisme maritime, pour la dédommager, d'une part du territoire Français, qu'elle abandonneroit à ses alliés, alors, la France convaincue de tels projets, déclara la guerre à l'Angleterre, le 1er. février 1793.

Mais, le Souverain Suprême, qui veille aux destinées de l'Empire Français, a fait échouer tous les projets du Ministère Anglais; la coalition a été vaincue ; le Peuple Français a orné ses triomphes de l'Olivier de la Paix; et plusieurs Souverains ont reconnu la République Française. Cependant, l'Angleterre persistoit dans ses dispositions hostiles, malgré qu'elle fut abandonnée par plusieurs de ses Alliés : elle ne gagnoit rien par la force des armes, il falloit qu'elle essayât de la perfidie : c'est ce qu'elle fit à Quiberon par les cruautées de la Vendée, par les poignards de l'Opéra, par la machine infernale du 3 nivose, par mille et un projets sanguinaires, etc.

Néanmoins, BONAPARTE, premier Consul, dédaignant ces ménées odieuses, voulant la paix générale, écrivit au Roi d'Angleterre la lettre suivante, en date du 5 nivose an VIII, (26 décembre, 1799).

A U R O I de la Grande - Bretagne et d'Irlande (1).

SIRE,

« Appelé par le vœu de la Nation Française
« à occuper la première Magistrature de la

---

(1) Le cabinet de Londres, en recevant cette lettre, fut fort étonné que le Premier Consul avoit supprimé le titre de *Roi de France* que les Souverains d'Angleterre ajoutoient à leurs dignités, les Monarques de la dernière dynastie, n'avoient encore osé se prononcer à cet égard ; mais, il paroit que le Héros Français a exigé que le Roi d'Angleterre ne portât plus ce titre, car, il se trouve supprimé au traité d'Amiens.

« République, je crois convenable, en en-
« trant en charge, d'en faire directement part
« à votre Majesté.

« La guerre qui, depuis long-tems, ravage
« les quatre parties du Monde, doit-elle être
« éternelle ? N'est-il donc aucun moyen de
« s'entendre ?

« Comment les deux Nations les plus éclai-
« rées de l'Europe, puissantes et fortes, plus
« que n'exigent leur sûreté et leur indépen-
« dance, peuvent-elles sacrifier à des idées de
« vaine grandeur, le bien du commerce, la
« prospérité intérieure, le bonheur des fa-
« milles ?

« Comment ne sentent-elles pas que la paix
« est le premier des besoins, comme la pre-
« mière des gloires ?

« Ces sentimens ne peuvent pas être étran-
« gers au cœur de votre Majesté, qui gou-
« verne une Nation libre, et dans le seul but
« de la rendre heureuse.

« Votre Majesté ne verra, dans cette ouver-
« ture, que mon désir sincère de contribuer
« efficacement, pour la seconde fois, à la paci-
« fication générale, par une démarche prompte,
« toute de confiance, et dégagée de ces formes

« formes qui nécessaires, peut-être, pour dégui-
« ser la dépendance des Etats foibles, ne dé-
« cèlent, dans les Etats forts, que le désir mu-
« tuel de se tromper.

« La France, l'Angleterre, par l'abus de
« leurs forces, peuvent long-tems, encore,
« pour le malheur des Peuples, en retarder
« l'épuisement : mais, j'ose le dire, le sort de
« toutes les Nations civilisées, est attaché à la
« fin d'une guerre qui embrase le Monde en-
« tier ».

Signé, BONAPARTE.

GEORGES III ne daigna pas répondre à BONA-
PARTE, mais Lord Grenville, au nom du Roi,
son Maître, envoya au Ministre des Relations extérieures, en France, (M. Talleyrand), une
note en date du 4 janvier, 1800, dont voici
l'extrait :

« Le Roi d'Angleterre a donné des preuves
« fréquentes de son désir sincère pour le ré-
« tablissement d'une tranquillité sûre et per-
« manente (1).

---

(1) Est-ce en répandant des guinées par profusion,
pour soudoyer des espions, des embaucheurs ? en sol-
dant des corps armées composés des ennemis du nouvel ordre de choses en France ? et enfin, en dirigeant

R

« Les ressources de la France ont été pro-
« diguées et épuisées par un système domina-
« teur, et pour exterminer tous les Gouver-
« nemens établis (1).

« On a sacrifié les Pays-Bas, les Provinces-
« Unies, les Cantons Suisses...; l'Allema-
« gne a été ravagée, l'Italie a été le théâtre
« des rapines et de l'anarchie sans bornes...;
« sa Majesté s'est vue elle-même dans la né-
« cessité de soutenir une lutte difficile et oné-
« reuse, pour garantir l'indépendance et l'exis-
« tence de ses Royaumes (2).

---

les poignards contre le chef du Gouvernement Français, que le Roi d'Angleterre a *donné des preuves fréquentes pour le rétablissement d'une tranquillité sûre et permanente.*

(1) La France a voulu changer la forme de son Gouvernement; aussitôt, les puissances de l'Europe se sont coalisées et armées pour lui faire la loi : des millions de Français ont pris les armes pour repousser, par la force, des phalanges nombreuses qui cernoient leurs frontières; vainqueurs, ils ont profité de leurs conquêtes, et ils ont envahi le territoire de leurs voisins : (avis aux Souverains de l'Europe ! ! !)

(2) Tels sont malheureusement les effets de la guerre: eh ! qui a engendré cette guerre ? Si l'Allemagne, la Prusse, l'Espagne et l'Italie, n'eussent pas armé contre la France, si l'Angleterre, par son or, et

« C'est à une résistance déterminée, que l'on
« doit la conservation, en Europe, de stabi-
« lité pour les propriétés, pour la liberté per-
« sonnelle, l'ordre social, et le libre exercice
« de la Religion (1).

« Sa Majesté Britannique ne trouve pas en-
« core une garantie suffisante dans le Gouver-
« nement Français; elle pense que le garant
« le plus naturel et le meilleur, se trouveroit
« dans le rétablissement de cette race de
« Princes qui, durant tant de siècles, surent

---

ses conseils perfides, n'eut pas soudoyé et soulevé toutes
ces Puissances, la France auroit pu changer la forme de
son gouvernement; mais, bien sûrement, elle n'eut pas
été chercher querelle à ses voisins; elle a donc dû s'armer
pour défendre son territoire, et conquérir même ses
anciennes limites, afin de conserver son indépendance et sa liberté.

(1) Si le Roi d'Angleterre eut jetté les yeux sur les
opérations civiles et militaires de Bonaparte, en Italie, il
auroit dû apprécier les principes que ce Héros a constamment manifestés pour le maintien des propriétés, et
principalement pour le *libre exercice de la religion :*
il ne faut que voir sa correspondance avec Pie VI,
en février 1797, pour être convaincu de son respect
pour le Souverain Pontife et pour les Ministres du
Culte.

« maintenir, au dedans, la prospérité de la Na-
« tion Française, et lui assurer de la considé-
« ration, et du respect au dehors (1).

---

(1) Je ne crois pas que l'on dût comparer le Premier Consul à toutes les autorités qui ont gouverné la France depuis la fin de 1792; mais, ne doit-on pas rire de pitié, lorsque l'on voit l'Angleterre s'apitoyer sur le sort des Bourbons ? l'Angleterre croit-elle qu'on oublie qu'elle a sacrifié, à Quiberon, les plus fidèles serviteurs des Princes de cette race ? qu'elle n'a accordé aux Princes fugitifs, qu'une existence très − précaire et très−humiliante ? qu'elle a laissé dans la plus affreuse misère un grand nombre de Chevaliers Français, qui s'étoient dévoués à la cause qu'elle paroissoit vouloir soutenir ? Mais, si la maison de Bourbon s'est fait *respecter au dehors*, et si la France a *prospéré* sous la dernière dynastie : pourquoi l'Angleterre a-t-elle fait assassiner M. de Jumonville, et partie de la troupe, qu'il commandoit, au mois de mai 1754. Pourquoi le gouvernement Anglais a−t−il constamment fait la guerre à la France ? (Voyez depuis la page 237 jusqu'à celle de 254) inclusivement. Est-ce là respecter le Roi de France ? Mais, de bonne foi, ne savons-nous pas, que de tous les tems la famille des Bourbons a été l'objet éternel de la haine du Gouvernement Anglais ? surtout depuis que Louis XVI, a secouru puissamment les Américains, qui ont secoué le joug des Anglais en 1776, et qui furent reconnus libres et indépendans en 1782. Quelque chose de plus ; la voix publique nous assure

« Sa Majesté n'attache cependant pas exclu-
« sivement le rétablissement de la paix, au
« rétablissement de la dernière Race;... elle
« ne prétend pas prescrire à la France quelle
« sera la forme de son Gouvernement, ni dans
« quelle main elle déposera l'autorité néces-
« saire pour conduire les affaires d'une *grande*
« et *puissante Nation* (1).

« Sa Majesté ressentira un plaisir particulier,
« quand elle verra que ses propres Domaines
« ne sont plus en danger, dès qu'elle pourra se
« convaincre que la résistance n'est plus une
« nécessité; qu'enfin, après l'expérience de

---

que l'infortuné Monarque Français existeroit, encore, si, en 1777, il n'avoit pas donné des troupes aux Américains, contre les Anglais.

(Lecteur, si vous regardez cette assertion, comme une énigme, consultez l'historien impartial, sur les cruelles journées des 5 et 6 octobre 1789.

(1) Voilà donc le Gouvernement Anglais démasqué; d'un côté, il s'appitoye sur le sort des Bourbons, d'un autre, *il n'attache pas exclusivement le réta-blissement de la paix* à la *rentrée des Princes*, *sur le trône Français*; donc, l'Angleterre, n'a pas pris les armes pour les Bourbons, donc, elle fera la paix, lorsqu'elle y trouvera son avantage particulier.

« tant d'années de crimes et de malheurs, elle
« verra régner de meilleurs principes (1).

« Sa Majesté ne trouvant, encore, aucune
« garantie de principes, pour juger de la sta-
« bilité du nouveau Gouvernement Français,
« il ne lui reste, pour le présent, qu'à pour-
« suivre, de concert avec les autres Puis-
« sances, une guerre juste et défensive, pour
« le bonheur de ses Sujets » (2).

---

(1) Les propres domaines du Roi d'Angleterre ne *seront plus en danger*, lorsque la Grande-Bretagne cessera d'armer contre la France, lorsqu'elle cessera ses pirateries sur toutes les mers, lorsque le commerce de l'Océan sera libre, et enfin, lorsque S. M. Britannique aura reconnu l'Empereur Napoléon. L'orsqu'on heurte un ennemi, on doit s'attendre à une résistance ; mais croit-on avoir la paix en heurtant un Héros, un Vainqueur ! ! ! Hélas ! il convient bien au Gouvernement Anglais de citer *les crimes* de la très-petite minorité des Français, quand, en quelque façon, il en est le premier moteur ; consultons l'histoire, mettons dans une balance *les crimes* des Français et ceux des Anglais pendant le cours de leur Révolution respective, et la postérité jugera, laquelle des deux Nations mérite la préférence, soit en bien, soit en mal. . . .

(2) Enfin, le Roi d'Angleterre ne trouve pas une *garantie de principes* suffisante pour traiter avec le premier Consul : mais, lorsqu'on est aussi rigoriste, il faut avoir soi-même, des *principes*, et respecter ses propres traités.

C'est au mois de décembre, 1799, que Bonaparte écrivoit à Georges III : c'est le 4 janvier, 1800, que le Lord Grenville répondit au premier Consul, au nom du Roi, son Maître, dans les termes sus-énoncés ; et enfin, ce fut le 25 mars, 1802, (4 germinal, an X), que le Roi de la Grande-Bretagne voulut bien reconnoître *une garantie suffisante des principes du Gouvernement français*, et, qu'en un mot, le traité d'Amiens fut signé.

Quelles sont les bases de ce traité solennel ?

« Le Roi d'Angleterre restitue à la République Française (1), et à ses Alliés, (le Roi d'Espagne et la République Batave), toutes les Possessions et Colonies qui leur appartenoient respectivement, et qui ont été occupées ou conquises par les forces Britanniques, dans le cours de la guerre actuelle, à l'exception de l'Isle de la Trinité, et des Possessions Hollandaises dans l'Isle de Ceylan. (Art. III.)

« Le Roi d'Espagne cède à sa Majesté Britannique, en toute propriété et souveraineté, l'Isle de la Trinité. (Art. IV).

---

(1) Voilà donc la famille des Bourbons abandonnée par le Gouvernement Anglais, puisqu'il reconnoît *la République Française* ! ! ! (Voyez page 261).

« La République Batave cède au Roi d'An-
« gleterre, l'Isle de Ceylan. (Art. V). Elle
« a, en toute souveraineté, le Port du Cap
« de Bonne-Espérance. (Art. VI).

« La République des Sept-Isles, est recon-
« nue libre et indépendante. (Art. IX).

« Les Isles de Malthe, de Gozo et Comino,
« seront rendues à l'ordre de St.-Jean-de-Jéru-
« salem :... les Gouvernemens Français et Bri-
« tannique, désirent mettre l'Ordre de Malthe
« dans un état tout-à-fait d'indépendance....
« Les forces de sa Majesté Britannique éva-
« cueront l'Isle et ses dépendances, dans les
« trois mois qui suivront l'échange des ratifi-
« cations, ou plutôt, si faire se peut.

« L'indépendance des Isles de Malthe, Gozo
« et Comino, ainsi que le présent arrange-
« ment, sont mis sous la protection *de la*
« *France, de la Grande-Bretagne, de l'Au-*
« *triche, de la Russie, et de la Prusse...* La
« neutralité, de l'ordre et de l'Isle de Malthe
« avec ses dépendances est proclamée..... Le
« Roi de Naples sera invité à fournir deux
« mille hommes de garnison dans les différentes
« Forteresses de ces Isles qui devront y rester
« jusqu'au moment où l'ordre de Malthe aura
« fait une levée d'hommes suffisante pour la

« garnison desdites Isles. Les puissances dénom-
« mées ci-dessus seront invités à accéder aux
« présentes stipulations. (Art. X.)

« Les troupes Françaises évacueront le Royau-
« me de Naples et l'Etat Romain; les forces
« Anglaises évacueront pareillement *Porto-Fé-*
« *rajo* et généralement tous les ports et Isles
« qu'elles occuperoient dans la Méditéranneé
« ou dans l'Adriatique.... (Art. XI.)

« Les parties contractantes promettent d'ob-
« server sincèrement et de bonne foi tous les
» articles contenus au présent Traité, etc., etc...
(Art. XXI.) »

Tels sont les principaux articles du Traité
d'Amiens. Quelques Franco-Anglais ont dit,
qu'il y avoit dans ce traité des *articles secrets*,
mais, ne peut-on pas leur demander; *s'ils sont secrets, comment les connoissez-vous ?*..... néanmoins, voyons qu'elle est la puissance, ou de
la France, ou de l'Angleterre, qui a violé ledit
traité, et laquelle des deux, a *observé sincére-
ment et de bonne foi,* cet acte authentique.

Ce Traité porte la date du 25 mars 1802.
il a été ratifié par les parties contractantes,
dans le délai de trente jours : dût-on croire alors
que peu de tems après, l'Ambassadeur Anglais

(M. Witwortth) seroit chargé de faire une déclaration au gouvernement Français, et que sous de vains prétextes, le Traité d'Amiens seroit violé ouvertement? Dans ce cas, que devoit faire le chef du Gouvernement Français? Demander la stricte exécution dudit Traité ; c'est ce que fit le premier Consul, le 4 mai, 1803 ; il demanda à l'Ambassadeur Anglais, l'évacuation de Malthe, conformément au Traité. Ce fut, alors, que l'Angleterrre reprocha, de grands griefs, à la France! (ainsi, énoncés).

« 1°. Que le Gouvernement Français, a eu des
« procédés, relativement au commerce, qui
« ne répondent pas à la loyauté d'une con-
« duite franche et amicale.... (1).

« 2°. Que toutes les prohibitions contre le com-
« merce français, qui avoient été imposées

---

(1) Les procédés que l'on reproche au Gouvernement Français, relatifs au commerce, c'est de n'avoir pas laissé ses fabriques et manufactures dans l'état de dépérissement où elles étoient depuis dix ans : c'est d'avoir encouragé les sciences et les arts, par tous les moyens possibles : c'eut été, sans doute, une *conduite franche et amicale* du Gouvernement Français, de ne point accorder de primes et de brevets d'honneurs, aux manufacturiers et fabricans français !....

« pendant la guerre ont été levées au moment
« de la paix » (1).

« 3°. Que des actes de violence ont eu lieu,
« contre des vaisseaux anglais et leur pro-
« priétés, et que jamais, *dans aucune cir-
« constance*, il n'y a eu ni justice, ni satis-
« faction accordée à cet égard aux demandes
« réitérées des ministres de sa Majesté et de
« son Ambassadeur à Paris. (2).

---

(1) Le Gouvernement Anglais trouve mauvais que le premier Consul ait soumis les marchandises anglaises à un droit, en entrant en France; mais l'Angleterre n'a-t-elle pas ses ports, ses douanes et ses tarifs? Les productions du sol de France n'y sont-elles pas soumises à des droits énormes, notamment, les vins de toute espèce? Le commerce de soieries de France n'est-il pas prohibé, en Angleterre, même en tems de paix? Mais, n'est-il pas notoirement connu que le commerce Anglais n'a point été entravé en France après le traité d'Amiens, par les quantités prodigieuses de marchandises anglaises qui ont été débarquées dans les ports de France, et ne voit-on pas les peuples des deux Nations, gémir, aujourd'hui, de la rupture de ce traité?

(2) Le Gouvernement Anglais ne peut prouver un seul acte de violence de la part de la France envers les vaisseaux de la Grande-Bretagne, ni citer un seul fait d'insulte : toutes les Puissances de l'Europe, au con-

« 4°. Que sans traité de commerce entre la
« France et l'Angleterre, le Gouvernement
« Français a envoyé dans les Ports de la Grande-
« Bretagne et ceux de l'Irlande des Agens avec
« caractère d'agens de commerce, etc. (1).

---

traire, articulent des faits qui sont constatés par des dates authentiques, et qui font frémir tous les Peuples (cet ouvrage en donne un foible extrait). Quant au refus de donner au Ministre Britannique, satisfaction, à l'égard de quelques demandes faites par des négocians Anglais, on y a fait droit, toutes les fois qu'elles ont eu pour base, l'équité : ce fait est prouvé par un grand nombre de décisions à cet égard.

(1) N'est-ce pas un usage reçu chez toutes les Puissances civilisées de permettre le libre cours des commerçans chez les Nations étrangères ? Est-il besoin de traité de commerce entre les Puissances, pour qu'un négociant quelconque, puisse jouir librement de son industrie ? Plusieurs Puissances du Continent, n'envoyent-elles pas des agens de commerce en France, et le Gouvernement Français ne peut-il pas avoir le même avantage ? On pourroit citer plusieurs Puissances qui usent de ce droit, en France, et qui n'ont point de traité de commerce avec le Gouvernement. D'ailleurs, le premier agent de commerce (M. Coquebert), qui fut chargé, le premier, d'une mission, en Angleterre, par le Gouvernement Français, après le traité d'Amiens, fut accueilli par les Ministres de la Grande-Bretagne,

« 5°. Que le Gouvernement Français a continué d'entretenir une armée en Hollande; qu'il a envahi le Territoire de la *Suisse*, et violé son indépendance. Qu'il a annexé à la France, *le Piémont, Parme, Plaisance,* et *l'Isle d'Elbe,* sans rien accorder au Roi de Sardaigne, ainsi, dépouillé de ses états, au mépris de la promesse faite à l'Empereur de Russie. (1). »

---

mais, alors, on n'avoit pas encore décidé de violer le traité d'Amiens, et ensuite, il fallut bien, mille et un prétextes, pour arriver à ce but.

(1) Ce paragraphe est dénué de toute justice : d'abord la France a dû, nécessairement, laisser des troupes en Hollande, jusqu'à ce qu'elle fut certaine que l'Angleterre eut évacué le *Cap de Bonne-Espérance, Malthe, Alexandrie,* etc., et qu'elle eut exécuté, strictement, tous les articles du traité d'Amiens : mais, encore, par ce traité, la France n'a pas promis d'évacuer, ni la Hollande, ni la Suisse : cependant sans la rupture du traité, la France auroit retiré trois mille hommes qu'elle avoit sur le territoire Batave, ainsi, qu'elle l'avoit arrêté, avec ce Gouvernement, et non pas, avec celui d'Angleterre : si la France a réuni le Piémont à son territoire, c'est parce que le Roi de Sardaigne l'a cédé par acte authentique en date du 10 novembre 1798, si *Parme, Plaisance,* et *l'Isle d'Elbe,* sont aujourd'hui réunis à l'Empire Français, c'est parce que

« 6°. Que, à l'égard des changemens en Suisse,
« le Gouvernement Français a déclaré que le

si le Héros de l'Italie n'avoit pas des armes dans ce beau pays, il deviendroit, bientôt, le théâtre de l'anarchie, et celui de guerres sanglantes, par les menées astucieuses de l'Angleterre : quand à l'Isle d'Elbe, l'Angleterre n'ignoroit pas, lors du traité d'Amiens, celui, que la France avoit contracté avec le Roi d'Étrurie, par lequel ce Monarque a consenti que l'Isle et Porto Ferajo fus distrait des anciens états de Toscane pour appartenir à la France. Et, à cette époque, l'Angleterre n'a fait aucune réclamation à cet égard. Il est faux, encore, que la France ait envahi la Suisse, puisqu'au contraire, le premier Consul en a été le Souverain Médiateur, pour ramener les divers Cantons à des sentimens pacifiques, et que par une convention solennelle, en date du mois de décembre 1802, la République Helvétique a recouvré sa souveraineté et son indépendance : donc, les troupes Françaises ont été retirées de la Suisse ; elles ne l'ont pas moins été des Etats, du Pape : et si elles ont restées en Hollande, c'est encore parce que l'Angleterre n'a pas exécuté le traité d'Amiens ; enfin, les troupes françaises n'occuperoient plus les Etats du Roi de Naples, si le cabinet de Londres avoit voulu évacuer Malthe, et livrer la place à la garnison Napolitaine, conformément aux articles X et XI du traité d'Amiens ; mais, de bonne foi, l'Angleterre croit-elle qu'on ignore l'influence que conserve son ministère, sur celui de Naples ? pense-t-elle qu'on

« Roi d'Angleterre n'avoit aucun droit de se
« mêler des affaires de la France dans tous
« les points qui ne font pas partie du Traité
« d'Amiens, et que par cette disposition, sa
« Majesté Britannique se trouveroit exclue de
« tout droit d'intervention, relativement aux
« intérêts des autres puissances..... ».

---

ne connoît pas toutes les démarches de ses agens, en Europe, pour rallumer le flambeau de la guerre en Allemagne, et les torches de la guerre civile, en Italie et en Suisse ? Ces faits ne sont-ils pas prouvés par les propres paroles du Roi d'Angleterre dans un de ses discours à son Parlement, ainsi conçues ? *j'ai pris des mesures pour m'assurer de la situation réelle et des vœux des cantons Suisses*, etc....

On se demande, avec raison, quel est donc l'intérêt qu'à l'Angleterre, de prendre une part si active au sort de la Suisse ? C'est tout ce pourroit faire l'Allemagne, la Prusse et la France : Aussi, *sa Majesté Britannique, voit-elle, avec le plus vif regret, qu'ayant sondé les Puissances de l'Europe, intéressées à réprimer les changemens survenus en Suisse; elle n'en a vu aucune qui aye montré des dispositions favorables à ce sujet.* (Paroles du Roi d'Angleterre à son Parlement).

Eh ! pourquoi donc, encore, le Ministère Britannique voudroit-il se mêler des affaires du Continent ? Consulte-t-il les Souverains, pour s'arroger la toute-puissance des Mers ? A-t-il demandé l'interven-

« 7°. Qu'à l'égard de Malthe, les langues d'A-
« ragon, et de Castille ont été supprimées,
« et que partie de la langue d'Italie a été abo-
« lie par la réunion du Piémont à la France..
« Que l'Electeur de Bavière a été excité par
« le Gouvernement Français a séquestrer la
« propriété de l'ordre sur son territoire; qu'il
« est certain, qu'il a, non-seulement, sanc-
« tionné, mais, encore encouragé l'idée de
« séparer la langue Russe de celles qui com-
« posent l'ordre...... Qu'enfin, le Roi d'An-
« gleterre, a *lieu de penser* que le Gouver-
« nement Français, au mépris du Traité d'A-
« miens, a *eu des projets* contre l'intégrité
« de la Turquie, et celles des Sept Isles. (1).

---

tion de la France, ou de quelque autre Puissance Continentale, pour détrôner Tippo-Saïb, et usurper sa Souveraineté, par des crimes inouis ? O Souverains du Continent ! quand ouvrirez-vous les yeux sur le machiavélisme du Gouvernement Anglais ?...

(1) Malthe a donc été, et se trouve encore, le prétexte de la rupture du Traité d'Amiens ? Mais, l'Angleterre savoit bien, qu'en refusant d'évacuer cette Isle, la France réclameroit l'exécution du Traité; qu'alors, nouveaux débats s'éleveroient, nouvelles prétentions seroient établies, que la guerre se rallumeroit, et que l'on tâcheroit de réduire cette France, par une nou-

« Que

« 8°. Que le premier Consul a envoyé le Colonel

velle coalition contre elle : pour arriver à ce but, que fait l'Angleterre ? Elle crie à *l'ambition du Gouvernement Français*... Elle crie : « que les langues d'Aragon « et de Castille sont supprimées ; ... que l'Electeur de « Bavière a été sous le joug de la France ; ... que « cette Puissance collossalle a des projets contre l'inté- « grité du Territoire de la Turquie, contre celle des « Sept-Isles, etc. etc. » Quelle audace ! Quelles preuves donne le Gouvernement Anglais, d'assertions aussi fausses ? Les intentions du premier Consul, en faveur de l'Ordre de Malthe, et contre la suppression des Langues, ne sont-elles pas connues officiellement ? sa volonté pour la conservation et l'intégrité de l'Empire Ottoman, n'est-elle pas exprimée de toute manière ? le consentement de Bonaparte à laisser occuper les Isles Ioniennes par la Russie, n'a-t-il pas été constamment énoncé ? Enfin, l'auguste plénipotentiaire aux traités de Lunéville et d'Amiens ; (le PRINCE JOSEPH) n'a-t- il pas, avec l'ame qui le caractérise, exprimé les sentimens pacifiques de Napoléon ? Mais, si quelque Puissance a des vues sur l'Empire Ottoman, n'est-ce pas la Russie ? et cette Puissance n'a-t-elle pas profité du Traité d'Amiens, pour débarquer à Corfou beaucoup plus de troupes qu'il n'en faut *pour maintenir la tranquillité dans les Sept-Isles*, conformément au traité ? Eh bien ! plus la Russie forme de projets contre la Turquie, plus elle acquiert de puissance dans les Isles Ioniennes, plus elle montre de dispositions hostiles contre la France ;

S

« Sébastiani dans le levant, que celui-ci
« a fait un rapport au Gouvernement Français
« contre le peuple Anglais, et qu'il est entré
« dans des détails sur la situation et l'existence
« des Forts et Citadelles en Egypte, etc. (1).

plus l'Angleterre veut garder la Clef de la Méditerrannée, plus elle veut conserver *Alexandrie* et *Suze*, en Egypte, pour comptoirs, plus, elle crie à *l'ambition du Gouvernement Français*, et plus, enfin, elle a *lieu de penser* que la France *a des projets* contre la Turquie : en vérité, c'est le comble du délire, ou de la perfidie ! ! . . .

(1) Le Colonel Sébastiani partit de Toulon, le 29 fructidor an X, (16 septembre, 1802), il arriva à Tripoli, le 8 vendémiaire an XI, (30 septembre suivant). Le Gouvernement Anglais, ombrageux ou perfide, voulut voir la mission de cet Officier Supérieur, comme une violation du Traité d'Amiens, tandis qu'il n'étoit chargé que d'annoncer la Paix de l'Europe, aux Egyptiens, et l'arrivée des Agens de Commerce Français dans ces contrées; vraisemblablement, il étoit, encore, chargé de s'assurer si Alexandrie étoit évacuée par les Anglais, conformément aux articles VIII et IX du traité d'Amiens : et, c'est, sans doute, ce qui ne convînt pas au cabinet de Londres. Le 2 octobre, 1800 ? (sept mois après la signature du traité) les Anglais étoient, encore, dans Alexandrie (*). Le général Stuard déclara formellement au colonel Sebastiani, *qu'il n'avoit pas d'ordre de sa cour pour évacuer cette place...*

(*) Voyez page 265, ligne 25.

« 9°. Que Bonaparte a dit : qu'il avoit *cinq*
« *cents mille hommes*, pour soutenir l'état de

Il fit plus, il tâcha de soulever les Albanais contre l'envoyé Français; il adressa au Pacha du Caire *un ordre du jour*, en date du mois de fructidor, an VII (moment où la Turquie étoit en guerre avec la France); ordre, à la vérité, contraire aux intérêts de la Sublime Porte, mais qui ne pouvoit plus être mis en évidence, puisque le Traité d'Amiens avoit renoué l'ancienne Alliance et la bonne Harmonie entre les deux Puissances. Des lettres, datées de Rosette, écrites par des Anglais, publioient dans la ville qu'une Flotte Française, de trois cents voiles, les avoit été signalés sur les Côtes de Natolie, et que les Français marchoient sur Constantinople; il n'en falloit pas davantage, sans doute, pour faire assassiner le Colonel Français; mais, heureusement, que le Pacha du Caire détruisit ces mensonges, par l'accueil qu'il fit à l'Officier Français, et par les honneurs distingués qu'il lui décerna. Bien loin que Sébastiani fut chargée d'une Mission contraire aux intérêts de la Porte, il fit tous ses efforts, au contraire, pour réconcilier les Beys avec le Cabinet de Constantinople; les paroles de Paix qu'il porta au Pacha du Caire, sont ainsi conçues: « Le premier Consul prend à vous,
« et au Pays que vous gouvernez, un intérêt très-vif,
« et désire contribuer à votre bonheur : il m'a chargé
« de vous offrir sa Médiation pour vous pacifier avec
« les Beys »... Mais, répartit le Pacha : « J'ai l'ordre
« le plus positif de ma Cour, de faire une guerre d'ex-

« paix; et que dans le cas de guerre, *l'An-*

« termination aux Beys, et de n'entrer en aucun arran-
« gement avec eux ».

Alors, le Gouvernement Anglais, mécontent de l'accueil qu'avoit reçu, des Egyptiens, le Colonel Français, calomnia ses intentions, en reprochant au Cabinet des Tuileries, d'avoir envoyé, en Egypte, un Militaire distingué, qui avoit visité les Forts et Citadelles; qui avoit rendu compte de leur situation, du nombre des troupes Anglaises, et Turques, ainsi que de celui des hommes à la solde des Beys;... Mais, rien ne paroissoit si naturel ! le Traité d'Amiens n'étoit point exécuté par le Gouvernement Anglais, puisqu'il avoit encore des troupes à Alexandrie et autres places; quel étoit le Souverain qui devoit en demander l'exécution? Sans doute, le premier Consul. En conséquence, le colonel français devoit connoître l'état des forces Anglaises, dans ses Contrées.

Autant il est constant que le premier Consul vouloit la stricte exécution du Traité d'Amiens, autant il est prouvé que l'Angleterre n'a jamais eu l'intention de l'exécuter. Mille et un prétextes ont été mis en avant; le Gouvernement Anglais a fait insulter les Français, en Egypte, comme je l'ai dit plus haut, et le Gouverneur Commandant pour la Russie à Zanta, (ville dépendante de la République des Sept-Isles), instigué par les Anglais, a fait mettre en prison les principaux personnages d'un rassemblement d'habitans qui avoient crié *vive la France, vive Bonaparte*, lorsqu'ils virent le colonel Sébastiani dans leur ville, le 13 frimaire an XI (décembre 1802) On pourroit, donc,

« gleterre seule ne pouvoit pas lutter contre
la France. (1).

« 10°. Que dans une conversation particulière
« avec l'Embassadeur Witworth, le premier
« Consul avoit paru menacer le Gouverne-

citer, encore, plusieurs faits qui prouvent évidemment l'astuce et la duplicité du Ministère anglais, mais, terminons cet article, en disant que la Turquie n'a pas de plus grand ennemi, que l'Angleterre; l'accueil distingué que les Ministres Anglais ont fait à *Elfy Bey* à Londres, lors de la rupture du traité d'Amiens, et les présens dont il a été comblé à son départ pour l'Egypte, sont des preuves non-équivoques des intentions du cabinet de Ste-James, contre la Sublime Porte. Et on ne craint pas de dire, que l'Angleterre n'a d'autres vues que d'entretenir la discorde dans les possessions du Grand-Seigneur, pour s'emparer de ses états, et les céder ensuite à la Russie, afin de la récompenser de ses bons offices, contre la France.

(1) Jamais la France n'a pû craindre l'Angleterre les armes à la main : ce qu'elle a pû redouter, sont ; sa perfidie, ses poignards et son or corrupteur chez les Puissances du Continent ; mais, quand le premier Consul a dit au Corps-Législatif qu'il *avoit 500 mille hommes pour soutenir l'état de Paix, et que l'Angleterre ne pouvoit pas lutter seule contre la France*, c'étoit moins une jactance du Héros Français, que le plaisir d'annoncer à la France et à l'Europe, qu'il souhaitoit la durée de la paix ; que néanmoins, il seroit en

« ment Anglais, en disant : *l'Empire Ottoman*
« *est ébranlé de tous cotés, mais l'intérêt de*
« *la France, est de le soutenir....* Et que des
« mots plus menaçans encore, avoient été dits
« par le premier Consul dans une séance, où
« siègeoit le Corps Diplomatique (1).

« 11°. Qu'un commissaire Français, à Ham-
« bourg, avoit fait insérer dans la gazette de
« ce nom, des calomnies atroces contre le Roi
« d'Angleterre. (2).

état de soutenir la guerre, si on lui cherchoit une mauvaise querelle. Et en effet, n'est-ce pas, par un état de forces respectives que les Souverains ont souvent resté dans un état de paix ?

(1) C'est-à-dire qu'il faut enflamer l'Europe, et faire répandre des torrens de sang, pour un mot lâché dans une conversation. Mais, pourquoi l'Ambassadeur Anglais s'offensoit-il, de ce que le premier Consul étoit dans l'intention de soutenir l'intégrité de l'Empire Turc ? n'étoit-ce pas annoncer sa volonté bien prononcée, pour l'exécution du Traité d'Amiens ? Hélas ! cette volonté étoit bien contraire à celle de l'Angleterre.

(2) Si on vouloit faire un recueil des sarcasmes, des injures et des outrages répandus à Londres contre la France, et son premier Magistrat; si on faisoit l'extrait des discours faits au Parlement d'Angleterre, par les *Pitt*, les *Dundas*, les *Clarence*, etc. etc. etc., on en feroit un volume : mais, de tous tems, *Bonaparte* a dédaigné les libelles faits, à Londres, contre sa Per-

« 12°. Que le Gouvernement Français avoit
« demandé plusieurs fois, que le Roi d'Angle-
« terre chassât des personnes qui avoient
« trouvé un azile dans ses Etats et sur lesquelles
« il n'y avoient aucune accusation fondée;
« qu'une telle proposition ne pouvoit qu'in-
« sulter sa Majesté Britannique et avilir son
« Gouvernement ». (1)

« 13°. Enfin, que l'Angleterre ne peut évacuer
« Malthe, parce que l'Empereur des Russies
« refuse de se charger de ce dépôt précieux: »
alors, que dit le Roi d'Angleterre dans un
message en date du 8 mars 1803 ?

Georges III déclare « Qu'il se fait
« des préparatifs militaires, considérables
« dans les ports de France, et de la Hol-

---

sonne; il n'a, même, jamais reproché au Roi d'Angleterre de les avoir accueillis, et reçus officiellement.

(1) Peut-on croire à la loyauté d'un Gouvernement
qui renferme dans ses Etats, et tient à sa solde, les
ennemis de celui avec lequel il traite? Mais, hélas!
ces malheureux fugitifs, sont assez punis de leur in-
conséquence; et je trouve, qu'en tems de guerre, ils
sont autant exposés, en servant l'Angleterre, que s'ils
rentroient dans leur Patrie.
N'eut-il pas été plus honorable pour l'Angleterre de
solliciter, près le Gouvernement Français, la rentrée
de ces infortunés ? plutôt que de les tenir constamment
armés contre leur Patrie, et de les sacrifier quand
elle en trouve l'occasion ?

« lande, qui ne sont présentés par le Gou-
« vernement Français, que comme un but
« d'expédition de commerce ; mais qu'il exis-
« te actuellement entre sa Majesté et le
« Gouvernement Français des discussions
« d'une grande importance, dont le résul-
« tat demeure incertain; pourquoi sa Ma-
« jesté s'est déterminée à faire cette comu-
« nication à ses fidelles communes, etc. » (1)

---

(1) L'Angleterre déclare qu'elle ne peut évacuer Malthe, parce que la Russie ne veut pas se charger de ce dépôt; mais l'article X, du Traité d'Amiens, ne porte-t-il pas formellement que « l'indépendance
« des Isles de Malthe, de Gozo et Comino, est mise
« sous la protection et la garantie *de la France, de
« la Grande-Bretagne, de l'Autriche, de l'Espagne,
« de la Russie, et de la Prusse* » ? L'indépendance existe-t-elle lorsque l'Angleterre y conserve ses troupes ? quand, sous vingt prétextes, elle veut garder Malthe et ses dépendances ? n'est-ce pas le Roi de Naples, et non la Russie, qui devroit y mettre Garnison, sous *la protection* des Puissances ci-dessus nommées ? Eh ! pourquoi les troupes Anglaises ont-elles refusé audacieusement, au mépris du Traité, l'entrée des Forts, à la Garnison Napolitaine ? pourquoi cette Garnison, que fournissoit le Roi de Naples, a-t-elle été renvoyée à Messine ? Il est bien étonnant que la France ait été la seule Puissance qui aye demandé

OBSERVATIONS GÉNÉRALES.

Nous avons dit page 266, que ce fut le 4 mai, 1803, que le premier Consul demanda l'évacuation de Malthe.

Le 10, l'Ambassadeur Anglais répond que la demande est *impraticable*, attendu que l'Empereur des Russies a *refusé de se charger* de ce dépôt.

Le 16, nouveau Message du Roi d'Angleterre à son Parlement, dans lequel sa Majesté annonce à la Chambre des Pairs : « qu'il a rap-

---

l'exécution du Traité d'Amiens, qui aye voulu faire respecter la garnison Napolitaine, et qui aye, enfin, réclamé l'entrée libre de la Méditerrannée !!..

Pour garder Malthe et dominer sur toutes les mers, le Roi d'Angleterre donne l'éveil aux Puissances du Continent et dans son *beau* Manifeste, il se plaint que, *la France fait des préparatifs militaires considérables dans ses ports !!!* ... Ho! sans doute, c'est un grand grief que l'Angleterre reprochera à l'Empereur Napoléon, d'avoir réorganisé la Marine Française, de l'avoir, un peu, ravitaillée, et d'avoir voulu rivaliser le Commerce Anglais, par sa sollicitude pour les Manufactures et Fabriques de France ; mais, si c'est un grief reconnu par le Gouvernement Anglais, c'est un bienfait que tout vrai Français sait apprécier.

« pelé son Ambassadeur, et que celui de
« France est parti, (le Général Andréossis).
« Sa Majesté Britannique compte sur le zèle et
« sur l'esprit public de ses fidelles Communes,
« ainsi que sur les efforts de ses braves et
« loyaux Sujets, à l'effet de la soutenir dans
« la résolution qu'elle a prise d'employer le pou-
« voir et les ressources de la Nation, pour s'op-
« poser à l'esprit d'ambition et d'invasion qui
« dirige à présent, les Consuls de France,
« et pour assurer et maintenir les droits et les
« intérêts de son Peuple ».

Enfin, le 23 mai, grande discussion à la Chambre des Pairs du Parlement, sur ce Message : C'est dans cette fameuse séance où on a vu développer les vues d'ambition de l'Angleterre par plusieurs Orateurs, notamment par MM. Dundas et de Clarence, qui se sont attachés à prouver que le Cabinet de St. James devoit garder Malthe, dominer sur toutes les Mers, et se sont encore adjugé le privilège d'insulter le Gouvernement Français, dans la personne du premier Consul, comme, dans plusieurs autres occasions. Dans cette séance, on reproche à Bonaparte de n'avoir fait aucune démarche pour obtenir la garantie des Puissances neutres à l'égard de Malthe, et d'avoir eu une certaine influence dans la nomination du Grand-Maître de cet Ordre.

De tels reproches sont si pitoyables, qu'on ne se donne pas la peine d'y répondre. Mais le premier Consul, voyant la conduite du Gouvernement Anglais, sachant que l'Ambassadeur Français n'étoit pas arrivé à Douvres, que l'embargo étoit ordonné sur tous les bâtimens Français et Bataves, par arrêté du Roi d'Angleterre, en date du 16 mai 1803; ordonna, à son tour, le 3 prairial an XI, (23 mai 1803), *de courir-sus*, sur tous les bâtimens Anglais ; dès-lors, ces deux Puissances rentrèrent en guerre, sans une déclaration préalable, et contre les usages reçus.

Le mois de mai 1803 n'étoit pas encore écoulé que le Préfet Maritime de Brest rendit compte au Gouvernement Français, que les Anglais avoient déjà capturé deux frégates Françaises destinées, l'une pour Quimper, l'autre pour Fécamp. Telle est, et telle fut de tous tems, le Machiavélisme des Anglais!.....

Tel étoit l'état de la France et de l'Angleterre, au mois de mai 1803. Loin que le premier Consul de France craignît les menaces hostiles du Cabinet de Londres, il continua sa carrière diplomatique et honorable; la franchise et la loyauté guidèrent ses opérations civiles et militaires. Les Français lui donnèrent une nouvelle preuve de leur amour, et de leur confiance. Les dons patriotiques, pour l'Etablissement des Bateaux plats, furent nombreux; les Ports et les Arsenaux doublèrent de zèle pour les travaux de Construction; les Armées de terre et de mer brûlèrent du désir de combattre sous les ordres du Héros de l'Italie; enfin, BONAPARTE reçut la Couronne Impériale, des mains du Peuple Français, et peu de tems après, il reçu celle des Lombards, d'un Peuple qu'il a sauvé deux fois du théâtre de l'anarchie (1).

Tandis que NAPOLÉON Ier. jouissoit des grandeurs du Trône, et qu'il recevoit les preuves de l'amour de ses Sujets pour sa Personne, le Gouvernement Anglais soulevoit l'Europe contre lui, prenoit à sa solde un grand nombre de troupes des Puissances du Continent, et menaçoit nos Ports dans la Manche et sur la Méditerrannée : quoique le blocus des Ports

---

(1) Bonaparte a été proclamé Empereur des Français, le 28 floréal, an XII (mai 1804), couronné et sacré à Paris, par le Pape Pie VII, le 11 frimaire, an XIII (2 décembre 1804). Il fut proclamé Roi d'Italie, le 17 mars 1805, et couronné à Milan le 26 mai, suivant.

Français fut strictement ordonné, le Génie de Napoléon, trouva le moyen de faire sortir les Flottes Françaises qui portèrent des secours à la Martinique, et ravagèrent plusieurs Possessions Anglaises ; l'Angleterre se souviendra long-tems de l'Expédition de l'Amiral Missiessy, au printems de 1805.

Plus les Peuples de France et d'Italie montrent de dévouement et d'attachement à leur Souverain, plus le Gouvernement Anglais s'agite et se tourmente, pour armer les Puissances de l'Europe ; il se plaint amèrement que les Peuples de la Ligurie aient résolu de vivre sous l'Egide de Napoleon, et que la France, compte au nombre de ses Ports, celui de Gênes. Eh! pourquoi la France n'auroit-elle pas Gênes, quand l'Angleterre veut garder Malthe, quand la Russie domine la République des Sept-Isles, entretient à Corfou un nombre considérable de troupes, le tout au mépris du traité d'Amiens : et avec le projet d'euvahir l'Italie, quand, enfin, l'Empereur d'Autriche augmente ses Possessions en Souabe, fait l'acquisition de la forte ville de Lindau, pour former un poste militaire important, etc. ? Mais, comme, jai dit plus haut, Irriter un Héros, c'est lui ouvrir une nouvelle carrière, c'est lui préparer de nouvelles conquêtes, c'est attacher une Palme de plus à sa Couronne; c'est, enfin, réunir à son Empire de nouvelles Possessions. Hélas! le Gouvernement Anglais ne suit que les mouvemens de son esprit dominateur;.... Avec le produit de ses pirateries maritimes, il répand de l'or chez les Puissances du Continent, il les arme les unes contre les autres, il les abandonne ou il les sacrifie, quand son intérêt l'exige ; et pendant ce tems, il augmente et conserve son despotisme sur toutes les mers.

Quoique NAPOLÉON Ier. connut bien l'*Esprit du Gouvernement Anglais*, le premier usage qu'il fit de sa Puissance Impériale, ce fut d'essayer à éteindre le flambeau de la guerre ; loin de demander la paix en Souverain vaincu, il la réclama en Héros vainqueur : il écrivit au Roi d'Angleterre, le 12 nivose an XIII, (2 janvier 1805) : sa lettre conçue à-peu-près dans les termes que celle du 26 décembre 1799, offre le style d'un Héros pacificateur : elle maintient l'honneur des deux Puissances belligérantes, la gloire des Souverains, et elle tend au bonheur des Peuples ; mais, Georges III, qui n'est plus qu'un fantôme de Roi, ne répond pas à l'Empereur des Français, et son Conseil, *veut bien écrire* au Ministre des relations extérieures, en France: « que sa Majesté Britannique ne peut rece- « voir les propositions du Chef du Gouverne- « ment Français, qu'après avoir consulté ses « Alliés, et principalement l'Empereur des « Russies »... Quel astuce!!... Quoi! Minis- tres Anglais, vous voulez *consulter vos Alliés*, et *principalement l'Empereur des Russies ?...* Mais, croyez-vous qu'on ignore, que vos Alliés sont dirigés par votre or corrupteur? Croyez- vous que l'on ne gémit pas de voir le Suc- cesseur des Czars sous votre férule mercan- tile, et que c'est vous qui êtes le mobile de tous les troubles du Continent? Tremblez : un jour viendra où l'Empereur Alexandre se rap- pellera que vous avez sacrifié les Russes, en plusieurs occasions ; ce Souverain, ainsi que vos autres Alliés, secoueront le joug de vo- tre Puissance dominatrice ; alors, les Peuples, gouvernés par vous, ouvriront les yeux, et un Dieu vengeur vous punira, et de vos atten- tats et de vos crimes.

Au moment où je mets cet ouvrage sous presse (mois de septembre 1805,) je vois la France déployer, de nouveau ses Dra- peaux : ses armes ne sembloient plus être destinées que contre le Gouvernement, de la Grande-Bretagne, et on ne pouvoit jamais croire que l'Empereur d'Autriche, tant de fois vaincu par les armées Françaises, tour à tour soldé et abandonné par l'Angleterre, lui loueroit, de nouveau, ses phalanges. Si on examine la conduite qu'a tenue, en plusieurs occasions, le Gouvernement Anglais, envers la Russie, on ne sera pas moins étonné, de voir une alliance entre l'Empereur Alexandre, et Georges III. Cependant, le thermomètre de l'Europe est à la guerre : et l'Angleterre est encore arrivé au but de troubler l'harmonie qui existoit entre les Souverains du Continent.

Mais, on assure que M. le Général Mack commandera en chef les troupes Allemandes qui se dirigent vers le Rhin, sous les ordres de l'Empereur ou de l'Archiduc Jean. Quoique l'Europe entière connoisse les talens militaires de cet Officier Général ; il est bon, d'y ajouter ses exploits contre les Français, en plusieurs occasions.

En 1798, M. Mack commandoit une armée Napolitaine, sous les ordres du Roi de Naples.

Il *ne vendit pas la peau de l'ours avant de l'avoir jeté à terre*; mais, au mois de décembre,

bre, 1798, il écrivit en ces termes au Général Championnet, commandant en Chef l'armée Française :

« Si les troupes Françaises mettent le pied
« sur le Territoire du Grand Duc de Toscane,
« je regarderai cette démarche comme une dé-
« claration de guerre, et l'armée de sa Majesté
« Sicilienne, composée de 80,000 hommes,
« que je commande, sous la personne propre
« du Roi, *saura faire valoir*, par la force,
« les justes demandes que je vous adresse
« en son nom.....»

Dès la fin de ce même mois de décembre, M. Mack reconnoît la supériorité des armes Françaises, l'armée Napolitaine est battue; sa retraite ressemble à une pleine déroute, et le Roi, ainsi que son Lieutenant, se mettent hors du danger.

M. Mack, en personne, fait une nouvelle tentative ; il rallie l'armée Napolitaine, et va se mesurer de nouveau avec les Républicains, mais, à la fin de janvier 1799, pas plus heureux, qu'en décembre 1798, il est fait prisonnier de guerre avec tout son Etat-Major : il se livre à la loyauté du Général Championnet, et lui offre son épée, qui lui avoit été donnée par le cabinet de Londres,

T

en 1793. Le Général Français répond : *les lois de mon Gouvernement m'interdisent l'usage de marchandises Anglaises.* M. Mack obligé de se jetter dans les bras des Français pour échapper à la fureur populaire des Napolitains, se trouve, donc, prisonnier de guerre ; libre à Paris, *sur sa parole d'honneur*, il se sauve de cette capitale le 26 germinal, an VIII (avril 1800), et laisse ses compagnons d'infortune à la merci du Gouvernement Français.

Si M. le Général Mack a conservé la louable habitude de se *sauver* il fera, sans doute, en Allemagne, comme il a fait en Italie et en France ; dans ce cas, le cabinet de Londres, auroit dû lui faire présent d'un Coursier plutôt que d'une épée….

Mais, en armant les puissances de l'Europe, voyons quelles furent, et quelles sont, encore, les tentatives de l'Angleterre contre la France :

On sait que dans un tems où la France étoit réduite à l'émission énorme d'un *papier monnoie*, pour soutenir la guerre contre toutes les Puissances de l'Europe, l'Angleterre jetta sur nos côtes, une quantité prodigieuse de faux assignats ; on connoît, encore, les manœuvres récentes de ce Gouvernement contre la Banque de France, qui furent déjouées aussitôt que conçues ; néanmoins, au moment où Napoléon alloit cueillir de nouveaux lauriers, la malveillance s'agitoit, mais, bientôt, le Peuple Français fut rassuré par un rapport, sur ladite Banque, que fit un *homme de marque*, dans une assemblée générale des Administrateurs, le 16 octobre 1805, et dans lequel on remarque cette phrase. « La France « doit espérer sous un Gouvernement toujours « Vainqueur et toujours ami de la Paix. Ces « espérances sont dans le cœur de tous les Fran- « çais, et c'est parce qu'elles sont bien fondées, « qu'on voit l'Angleterre dévorée d'inquiétudes, « agiter le Continent, pour retarder une prospé- « rité à laquelle toutes ses perfidies ne feront « que donner un plus grand développement... ».

Si on examine, sérieusement, la politique astucieuse et perfide du Gouvernement Anglais, envers la France, doit-on s'étonner si l'Empereur Napoléon montre le désir de vaincre un ennemi aussi dangereux ? dans ce cas, que peut opposer le Cabinet de Londres à un Héros en courroux et chéri par ses nombreux soldats ? la traversée d'un Détroit ? Non ; mais, il peut lui opposer les armes de l'*Allemagne*, de la *Russie*, et de la *Suède*; c'est, sans doute, le plus sûr moyen qu'ait pû employer, pour l'instant, le Gouvernement Anglais; ce Ministère, il faut en convenir, n'a pas vû, sans inquiétude, ces préparatifs immenses, et ce camp formidable de Boulogne; qu'avoit-il de mieux à faire ? d'opérer une diversion... Mais, ne pouvant la faire par lui-même, il fouille au fond de ses coffres, il y trouve encore quelques guinées, et bientôt ses agens corrupteurs parcourent l'Europe, bientôt, la Russie, l'Allemagne et la Suède sont armées, bientôt le projet, de passer le Rhin et l'Adige, est formé, bientôt, enfin, en 1805, comme en 1799, la France et l'Italie sont menacées... Mais, si nous jettons un regard attentif sur les hommes de 1799, et sur ceux de 1805, nous ne verrons pas des *Directeurs*.... Et des *Scherer*.... Mais bien, un NAPOLÉON, et les Vainqueurs de Fleurus, de Marengo, de Glaris, du Helder, etc., etc., qui, en défendant la Couronne Impériale et celle des Lombards, feront repentir l'Empereur d'Autriche de sa trop grande confiance dans le Cabinet de Londres, et de sa légèreté à violer les traités. Car, n'est-ce pas *violer des traités*, que de profiter du moment où toutes les troupes Françaises sont destinées contre un Gouvernement dominateur, pour mettre des armées sur le pied de guerre, et faire marcher de nombreux bataillons sur les frontières de France et d'Italie, sous le prétexte d'une *Neutralité armée* ? telle est cependant, l'opération du Cabinet de Vienne, en 1805. Pourquoi une *Neutralité armée* sur les confins de France et d'Italie, quand les armées Françaises sont dans les Provinces du Nord, et sur les bords de l'Océan ? Mais l'Empereur Napoléon qui ne s'endort pas sur les *mots* de Neutralité armée, suspend son expédition contre l'Angleterre, vole au secours de ses propres états, et fait, dans le mois de septembre 1805, à la diète de Ratisbonne, une déclaration franche et loyale, dans laquelle on voit ces mots :

« L'Empereur des Français, livré tout en-
« tier aux opérations d'une guerre qu'il n'a
« point provoquée, qu'il soutient autant pour
« les intérêts de l'Europe que pour les siens,
« et dans laquelle son principal but, est le
« rétablissement de l'équilibre dans le com-
« merce, et l'égale souveraineté de tous les
« Pavillons sur les Mers ; il a réuni toutes ses
« forces dans des camps sur les bords de l'O-
« céan, loin des frontières Autrichiennes ; il
« a employé toutes les ressources de son Em-
« pire à construire des flottes, à lever des
« Marins, à creuser des ports, et c'est dans le

« moment, même, où il se repose avec une en-
« tière confiance sur l'exécution des traités,
« qui ont rétabli la Paix sur le Continent,
« que l'Autriche sort tout-à-coup de l'Etat de
« repos, organise ses forces sur le pied de
« guerre, envoie une armée dans ses Etats d'Ita-
« lie, en établit une autre toute aussi considé-
« rable dans le Tyrol; c'est dans ce moment
« qu'elle fait des levées de chevaux, qu'elle
» forme des magasins, qu'elle fait travailler à
« des fortifications de campagne, qu'elle effraye
« par tous ces préparatifs, les Peuples de la
« Bavière, de la Souabe et de la Suisse; et
« découvre ainsi, l'intention évidente de faire
« une diversion aussi réellement favorable à
« l'Angleterre, et plus nuisiblement hostile
« envers la France, que ne pourroit l'être
« une campagne ouverte, et une guerre dé-
« clarée... La cour de Vienne a protesté
« hautement de son respect pour les traités
« qui l'unissent à la France; mais, ses pré-
« paratifs militaires n'ont fait que se déve-
« lopper avec une plus active célérité, dans
« le tems, même, où ses déclarations deve-
« noient de plus en plus pacifiques. L'Au-
« triche a déclaré qu'elle n'avoit aucune in-
« tention hostile contre les Etats de S. M. l'Em-

« pereur des français. Contre qui dirige-t-elle
« donc, ses préparatifs ? Est-ce contre la Suisse ?
« Est-ce contre la Bavière ? Seroit-ce, enfin,
« contre l'Empire Germanique lui-même ?

« S. M. l'Empereur charge le soussigné
« (M. Bacher, chargé d'affaires à Ratisbonne)
« de faire connoître qu'elle considérera comme
« déclaration de guerre formellement dirigée
« contre elle-même, toute agression qui seroit
« portée contre le Corps Germanique, et spé-
« cialement, contre la Bavière.... Il n'existe
« aujourd'hui aucun différend entre la Suisse et
« l'Empire d'Allemagne ; il n'en existe aucun
« entre la Bavière et l'Autriche ; il n'en existe
« aucun entre elle et la France ; pour quels
« motifs inconnus, la Cour de Vienne a-t-elle
« donc rassemblé tant de forces ?.... Elle ne
« peut avoir qu'un objet plausible : c'est de te-
« nir la France dans l'indécision ; de la fixer
« dans un état d'inertie ; de l'arrêter, enfin,
« à la veille d'un essor décisif. Mais, cet
« objet ne peut être atteint que pour un tems.
« La France a été trompée ; elle ne l'est plus ;
« elle a été forcé de différer ses entreprises
« elle les diffère encore ; elle attend l'effet de
« ses réclamations : elle attend les effets des
« réclamations de la Diette Germanique : mais,

« quand tout aura été vainement tenté pour
« amener l'Autriche aux procédés ou d'une
« paix sincère, ou d'une loyale inimitié, S.
« M. l'Empereur des Français remplira tous
« les devoirs que lui imposent sa dignité et
« sa puissance : il portera ses efforts par tout
« où la France aura été menacée. La Provi-
« dence lui a donné assez de force pour com-
« battre d'une main l'Angleterre et pour def-
« fendre de l'autre, l'honneur de ses Aigles et
« les droits de ses alliés....etc.

Tel est un faible extrait de la déclaration de l'Empereur Napoléon à la diète de Ratisbonne ; si, par la ruse, l'Angleterre vient de remporter une victoire sur la France, en faisant lever le camp de Boulogne; craignons pour l'Autriche, les résultats de sa condescendance, pour le cabinet de Londres; espérons que la victoire fidelle aux Drapeaux de Napoléon saura venger les droits de sa juste cause ; et que l'Europe mieux éclairée, abandonnera l'Angleterre au ressentiment et à la vengeance des Puissances qu'elle opprime, depuis des siècles.

Enfin, puisque le Gouvernement Anglais est parvenu, encore une fois, à troubler la Paix du Continent, terminons cet Ouvrage en citant l'Epoque à jamais mémorable du départ de l'Empereur *Napoléon*, de son Palais Impérial, pour aller combattre ses nouveaux Ennemis.

Le 1er. de l'an XIV, (23 septembre 1805), *Napoléon 1er.* monte au Sénat Français, et parlant à l'Auguste Assemblée, il s'exprime en ces termes :

SÉNATEURS,

« Dans les circonstances présentes de l'Eu-
« rope, j'éprouve le besoin de me trouver au
« milieu de vous, et de vous faire connoître
« mes sentimens.

« Je vais quitter ma Capitale pour me met-
« tre à la tête de l'Armée, porter un prompt
« secours à mes Alliés, et defendre les inté-
« rêts les plus chers de mes Peuples.

« Les vœux des éternels ennemis du Continent
« sont accomplis : la guerre a commencée au
« milieu de l'Allemagne; l'Autriche et la Russie
« se sont réunies à l'Angleterre, et notre Géné-
« ration est entraînée, de nouveau, dans toutes
« les calamités de la Guerre. Il y a peu de jours,
« j'espérois, encore, que la Paix ne seroit point
« troublée ; les menaces et les outrages m'a-
« voient trouvé impassible : mais, l'Armée Au-
« trichienne a passé l'*Inn*, *Munich* est envahie,

« l'Electeur de Bavière est chassé de sa Capitale,
« toutes mes Espérances se sont évanouies.

« C'est dans cet instant que s'est dévoilée la
« méchanceté des Ennemis du Continent : ils
« craignoient, encore, la manifestation de mon
« profond amour pour la Paix, ils craignoient
« que l'Autriche, à l'aspect du gouffre qu'ils
« avoient creusé sous ses pas, ne revînt à des
« sentimens de justice et de modération; ils l'ont
« précipitée dans la Guerre. Je gémis du sang
« qu'il va en coûter à l'Europe, mais le Nom
« Français en obtiendra un nouveau lustre.

« Sénateurs, quand, à votre vœu, à la voix
« du Peuple Français tout entier, j'ai placé
« sur ma tête, la Couronne Impériale; j'ai reçu
« de vous, de tous les Citoyens, l'engagement
« de la maintenir pure et sans taches. Mon
« Peuple m'a donné, dans toutes les circons-
« tances, des preuves de sa confiance et de
« son amour. Il volera sous les Drapeaux de
« son Empereur et de son armée, qui, dans
« peu de jours, auront dépassé les Frontières.

« Magistrats, Soldats, Citoyens, tous veu-
» lent maintenir la Patrie hors de l'influence
« de l'Angleterre, qui, si elle prévaloit, ne nous
« accorderoit qu'une Paix environnée d'igno-

« minie et de honte, et dont les principales
« conditions, seroient: l'incendie de nos Flottes,
« le comblement de nos Ports, et l'anéantis-
« sement de notre Industrie.

« Toutes les promesses que j'ai faites au
« Peuple Français, je les ai tenues. Le Peuple
« Français, à son tour, n'a pris aucun enga-
« gement avec moi, qu'il n'ait surpassé. Dans
« cette circonstance si importante pour sa
« Gloire et la mienne, il continuera à méri-
« ter ce Nom de *Grand Peuple*, dont je le
« saluai au milieu des Champs de Batailles.

« Français, *votre Empereur fera son de-
« voir : mes Soldats feront le leur : vous
« ferez le vôtre* ».

Signé, NAPOLÉON.

Pendant que des Héros vont venger la France et ses alliés, mon *devoir*, comme Citadin, me paroît être, celui de prouver à la France et à l'Europe, la perfidie du Gouvernement Anglais; l'erreur ou la duplicité des Puissances qui s'allient avec lui; et de donner, enfin, une nouvelle preuve de mon amour pour ma Patrie, et de mon attachement inviolable à l'Empereur NAPOLÉON.

NOTE ADDITIONNELLE.

NOTE ADDITIONNELLE.

Au commencement de cet ouvrage, on voit l'Aigle Impérial diriger son vol vers l'Angleterre, et contre ses Alliés. Ici, traçons, en peu de mots les avantages qu'ont produites à l'Empereur d'Autriche, les guinées du Cabinet de Londres, dans cette nouvelle guerre.

L'Empereur des Français, obligé d'aller secourir ses Alliés et défendre ses Frontières, monte au Sénat le 1er. vendémiaire, comme je l'ai dit plus haut, pour annoncer son départ de Paris.

Le 2 (24 septembre 1805), il part de son Palais.

Le 26 septembre il arrive à Strasbourg.

Le 1er. octobre (9 vendémiaire, an XIV), il passe le Rhin, il trouve sur la rive droite de ce fleuve, plusieurs divisions de son armée qui étoient encore au camp de Boulogne, dans les premiers jours de septembre.

Le 6 octobre (14 vendémiaire), trente mille hommes de troupes Bavaroises, sont réunies à l'Armée Française, et la GRANDE ARMÉE est aux bords du Danube.

Le 8 octobre (16 vendémiaire), combat à Wertingen. Une division ennemie est détruite, une partie est tuée, et l'autre est faite Prisonnière : Drapeaux, Canons et Bagages Autrichiens, tout est au pouvoir des Français et Bavarois.

Le 9, trois divisions de *la Grande Armée*, sont au=delà du Danube : l'Empereur NAPOLEON passe en revue le Corps des Dragons, et le félicite de sa bravoure au combat de Wertingen, il distribue l'Aigle de la Légion d'Honneur à un Dragon de chaque Régiment.

Le 10, combat à Gunzbourg, dans lequel, l'Armée Autrichienne perd vingt-cinq mille hommes; de ce nombre est celui de douze mille prisonniers.

Le 11, (18 vendémiaire), l'Empereur arrive à Ausbourg; il écrit au Corps de Ville de Paris, lui fait présent de huit Drapeaux, et de deux pièces de Canon, pris au Combat de Wertingen, par le Corps d'Armée commandé par le Prince Murat, Gouverneur de Paris.

Le 12, Napoléon passe en revue, sur le Pont du Lech, le Corps d'Armée commandé par le Général Marmont, qui, venant de la Hollande, arrivoit à la GRANDE ARMÉE. Il harrangue cette Troupe, il lui annonce une grande Bataille, sous peu de jours, et lui témoigne la haute confiance qu'il a, dans la valeur de chacun des Membres qui la compose.

Le 12 Octobre, (19 Vendémiaire), Combat à Albeck, six mille Français font face à vingt-cinq mille Autrichiens, quinze cens de ceux-ci, sont faits Prisonniers.

Le 14, (21 vendémiaire), la place de Memmingen demande à capituler; neuf Bataillons, un Général-Major, plusieurs Officiers-Généraux, dix pièces de Canons, et beaucoup de Munitions de Bouche et de Guerre, tout est au pouvoir des Français.

Ce même jour, l'Empereur, en Personne, se porte au Camp, près d'ULM. Le Combat d'Elchingen est opiniâtre, les Français sont victorieux: un Général-Major, et trois mille Autrichiens sont faits Prisonniers.

Le 16 octobre, (23 vendémiaire), la Ville d'Ulm est cernée, la Grande Armée doit forcer les Retranchemens, et prendre la Ville d'Assaut. Trente - trois mille Autrichiens (non compris trois mille blessés) en forment la Garnison, commandée par le Général Baron *de Mack*. L'Empereur *Napoléon*, voulant épargner le sang de ses Soldats, somme la Place de se rendre ; après plusieurs pourparler, le Baron *de Mack* capitule le 17 octobre 1805 , (30 vendémiaire an XIV).

Le Maréchal *Berthier*, aussi brave au milieu des camps que profond, au sein du cabinet stipule pour l'Empereur *Napoléon*, et le Feld - Maréchal Baron *de Mack*, pour l'Empereur d'Autriche.

Rien n'est plus beau que les Articles de cette Capitulation ; au nombre de *Dix* ; par ces Articles, on voit la loyauté Française ; on voit que l'Empereur dédaigne de garder la caisse de l'armée, et qu'il se borne à ce qu'on lui remette tous les Chevaux d'Artillerie et de Charrois de l'Armée Ennemie ; tous les Sous-Officiers et Soldats sont Prisonniers de Guerre.

L'Empereur *Napoléon* veut bien laisser la liberté aux Officiers qui conservent leurs Armes, et doivent se retirer chez eux, avec *parole d'honneur* de ne point servir contre la France pendant cette guerre. Le Général *Mack* est de ce nombre : par cet Acte de générosité, *Napoléon* lui évite le deuxième désagrément de se sauver de la Ville qu'il auroit habitée en France, s'il eut été fait Prisonnier.

Arrêtons-nous, ici, puisque cet Ouvrage n'est pas un Recueil de Faits Héroïques de l'Armée Française : observons seulement que cette *Grande Armée*, au

Camp de Boulogne dans les premiers jours de septembre 1805, est, au 17 octobre suivant, victorieuse d'une Armée de cent mille hommes, sur la Rive droite du Danube.

Que, de *cent* mille hommes, *soixante*, sont prisonniers de guerre, *quarante* sont ou détruits, ou en pleine déroute ; qu'enfin, depuis le premier octobre jusqu'au 17, seize Généraux Antrichiens, quinze cents Officiers, deux cents canons, quatre-vingt-dix drapeaux, et une quantité de munitions de bouche et de guerre ; plus, les places fortes de ULM, MEMINGEN, INGOLSTADT, etc., tout est au pouvoir des Français.

L'Histoire n'offre pas l'exemple d'une Marche aussi rapide, de Faits aussi glorieux, et enfin, d'une tactique et d'une bravoure pareilles à celles des Généraux, Officiers et Soldats, qui entourent et qui sont commandés par le *Grand Napoléon*.

Ce Monarque qui, au milieu des camps, n'oublie rien ; écrit au Sénat Français, le 26 vendémiaire, lui fait présent de quarante Drapeaux pris aux Autrichiens.

Le même jour, il écrit aux Archevêques et Evêques de France, pour qu'un *Te Deum*, en Actions de Grâces, soit chanté dans toutes les Eglises de leur Diocèse, à l'effet de remercier le Dieu des Armées, et d'implorer sa Protection Divine, pour la continuation de la prospérité des Armes Françaises.

Réunissons, donc, nos Prières à celle de tous les vrais Français, pour la conservation des jours de l'Empereur *Napoléon*, qui, tôt ou tard, obligera, sans doute, le Gouvernement Anglais à cesser sa domination Maritime, et à reconnoître la Mer libre, pour le bonheur de tous les Peuples.

FIN.

EXPLICATION DE LA GRAVURE.

Un Génie décerne, d'une main, une Couronne à l'Aigle Français ; de l'autre, il tient la Torche de la Discorde, suspendue sur la tête de trois Puissances

L'Aigle couronné, tenant la Foudre dans ses serres, dirige son vol, avec impétuosité sur un Léopard.

Ce Léopard représente l'Angleterre : il tient un Trident dans une de ses pattes, et s'appuye, avec force, sur un côté de la Barque, sur laquelle il est placé ; il tâche de lui donner l'équilibre nécessaire pour l'empêcher de chavirer.

Sur le bord de la Mer se trouvent, un Coq, et un Lion, Symbole de la Surveillance et de la Force.

En face du Coq, et du Lion, sont trois Puissances :

1°. L'Allemagne, en avant, dirigeant sa marche contre l'Aigle Français, pour arrêter son vol contre l'Angleterre.

2°. La Suède, jeune, encore, tenant l'Allemagne par la main, et jalouse de marcher sur ses traces....

3°. La Russie, revêtue d'une fourrure, comme venant du fond du Nord, avec des forces imposantes, pour soutenir l'Allemagne et la Suède ; la Russie pousse l'Allemagne, qui ne paroit pas aller assez vîte contre l'Aigle Français.

Aux pieds de ces trois Puissances, on voit les sacs d'argent de l'Angleterre.

DATES

Des Traités cités dans cet ouvrage.

De Westphalie, en 1648 *page* 144.
De Wittchall, en 1689   152, 197.
De Riswich, en 1697   207.
D'Utrecht, en 1715   4.
De Séville, en 1725   162.
De Vienne, en 1731   161.
d'Aix-la-Chapelle, en 1748   3, 49.
De Versailles, en 1763
De Léoben
   ou
Campo-Formio en 1797   177.
De Lunéville, en 1801   208.
D'Amiens, en 1802   263.

TABLE ALPHABÉTHIQUE.

AFFRY, (Comte d') *page* 241.
ALEXANDRE (le grand) *page* 193.
ALEXANDRE Ier. (*voyez Empereur des Russies.*)
ANDRÉOSSIS, *pag.* 282.
ANSON, (d') *pag.* 165.
ARGALL, (Capitaine) *page* 230.

BACHER, *page* 293.
BAVIERRE (Electeur de) *pages* 272, 273, 295, 298.
BERTHIER, (Maréchal) *pages* 127, 302.
BLAKE, (Amiral) *page* 234.
BONAPARTE, *pages* 2, 14, 15, 19, 52, 76, 95, 127, 137, 177, 208, 255, 257, 259, 260, 261, 262, 266, 267, 270, 273, 275, 276, 277, 278, 281, 282, 285.
BOSCAVEN, *page* 165.
BOURBONS, (les) *pages* 64, 67, 151, 163, 177, 183, 185, 238, 255, 260, 263.
BRUNSWICK, (Duc de) *page* 251.
BUSSY, (de) *pages* 242, 245.

CÉSAR, *pages* 56, 223.
CHAMPIONNET, (général) *pages* 289, 290.
CHARLES Ier. *page* 232.
CHARLES II, *page* 234.
CHARLES IV, *page* 105.

Charles, (Archiduc) *page* 136.
Charles-Quint, *pages* 101, 103.
Choiseul, (Comte de) *pages* 242, 255.
Choiseul , (Duc de) *page* 241.
Ciceron, *page* 193.
Cinna , *page* 193.
Clarence, (Duc de) *pages* 14, 15, 177, 278, 282.
Congrès, (de Rastadt) *page* 208.
Conquérant de l'Italie, (*voyez Bonaparte.*)
Consul, (Ier.) (*voyez Bonaparte.*)
Contrecoeur, (de) *pages* 7, 8.
Coquebert, *page* 268.
Cromwel, *pages* 56, 117, 181.
Cumberland, (Duc de) *page* 239.

Darius, *page* 192.
Directoire de France, *page* 292.
Drack, *pages* 109, 153.
Dundas, *pages* 39, 278, 282.
Duvernay de Marmontel, *page* 174.

Egremont, (d') *page* 242.
Elfy-Bey, *page* 277.
Empereur (d'Allemag.) *p.* 19, 46, 53, 76, 162, 202, 208, 280, 285, 288, 292, 295, 300.
Empereur (des Franç.) *p.* 19, 20, 21, 42, 44, 53, 74, 85, 94, 95, 132, 133, 156, 168, 187, 202, 218, 281, 283, 284, 286, 287, 292, jusqu'à 303.

Empereur, (des Russies) *pages* 20, 21, 46, 94, 95, 264, 269, 279, 280, 281, 287, 288.

Frédéric (le grand) *pages* 237, 238, 245, 246, 249, 251, 252.

Georges III, (*voyez Roi d'Angleterre.*)
Grand Seigneur, (le) *pag.* 162, 275, 277, 278.
Grenville, (Lord) *pages* 2, 257, 263.
Grotius, *page* 192.
Guillaume III, *pages* 161, 234.

Hannon, *page* 236.
Hubert-Humphry, *page* 227.

Impératrice (d'Allemagne), *voyez Reine d'Hongrie.*
Imperatrice (des Russies), *pag.* 240, 241.

Jacques Ier. *pag.* 232.
Jean, (Archiduc) *pag.* 288.
Jean-Denis, *page* 228.
Joseph, (Archiduc) *page* 136.
Joseph , (Prince) *page* 273.
Jumonville, (de) *pag.* 8, 10, 260.

Lecourbe, (Général) *page* 94.
Liedard, *page* 212.
Louis XIII, *page* 143.
Louis XIV, *pages* 148, 160, 188, 205, 206, 207.
Louis XV, *p.* 7, 40, 46, 47, 48, 81, 99, 169, 186, 187, 189, 230, 237, 238, 239, 240, 241, 242, 244, 245, 246, 247, 252.
Louis XVI, *pages* 2, 3, 105, 260, 261.

Marie-Therese, (*voyez Reine d'Hongrie.*)
Mack, (Baron de) *pages* 288, 289, 302.
Martin, (Capitaine), *page* 153.

Massena, (Maréchal), *page* 94.
Mirepoix, (Duc de) *page* 238.
Montagne, (Amiral), *page* 254.
Montesquieu, *page* 170.
Missiessy, *page* 285.
Murat, (Prince), *page* 301.

Napoléon Ier. (*voyez Empereur des Français.*)

Persée, *page* 193.
Philippe III, *pages* 101, 102.
Philippe IV, *page* 102.
Pie VI, *pag.* 259.
Pie VII, *pag.* 284.
Pitt, (Lord Chatam). *pages* 242, 245.
Pitt, (son fils) *page* 278.
Prince Royal, (de Dannemarck) *pag.* 154.

Régent (de Portugal) *page* 137.
Reine Elisabeth, *pages* 211, 227, 232.
Reine d'Hongrie, *p.* 63, 69, 70, 71, 72, 73, 74, 76,
237, 239, 241, 245, 247, 249, 252.
Reine (de Portugal), *page* 126.
Roi d'Angleterre, *p.* 2, 110, 136, 187, 222, 223, 229,
239, 241, 242, 243, 245, 246,
247, 251, 252, 253, 255, 257,
258, 259, 260, 261, 262, 263,
264, 271, 278, 279, 281, 283,
286, 288.
Roi de Dannemarck, *pag.* 153, 154, 260.
Roi d'Espagne, *pag.* 66, 87, 102, 105, 113, 198, 241,
244, 263, 280.

Roi d'Etrurie, pag. 19, 270.
Roi de France, (voyez Louis XV.)
Roi d'Italie, (voyez Empereur des Français.)
Roi de Naples, pag. 133, 134, 264, 270, 280, 288, 289, 290.
Roi de Pologne, pag. 240, 241.
Roi de Prusse, pag. 82, 264, 271, 280.
Roi de Sardaigne, pag. 20, 269.
Roi de Suède, pag. 153, 154, 206, 240, 241.
Ruyter, page 233.

Saint-Pierre, (de) pages 6, 7.
Scherer, page 292.
Sebastiani, (Colonel), pages 274, 275, 276.
Senat Français, (le) page 297.
Smith, pages 109, 153.
Souwarow, page 94.
Stanley, pages 242, 253.
Statouder, page 79.
Stormont, page 242.
Stuard, page 274.

Talleyrand-Perigord, pages 2, 257.
Taylord, page 109.
Tipoo-Saïb, pages 109, 272.

Walpolle, page 200.
Wittwoth, pages 266, 277.

Yorck (Duc d') pages 15, 95, 239.
Yorck, (Général) 241, 242.

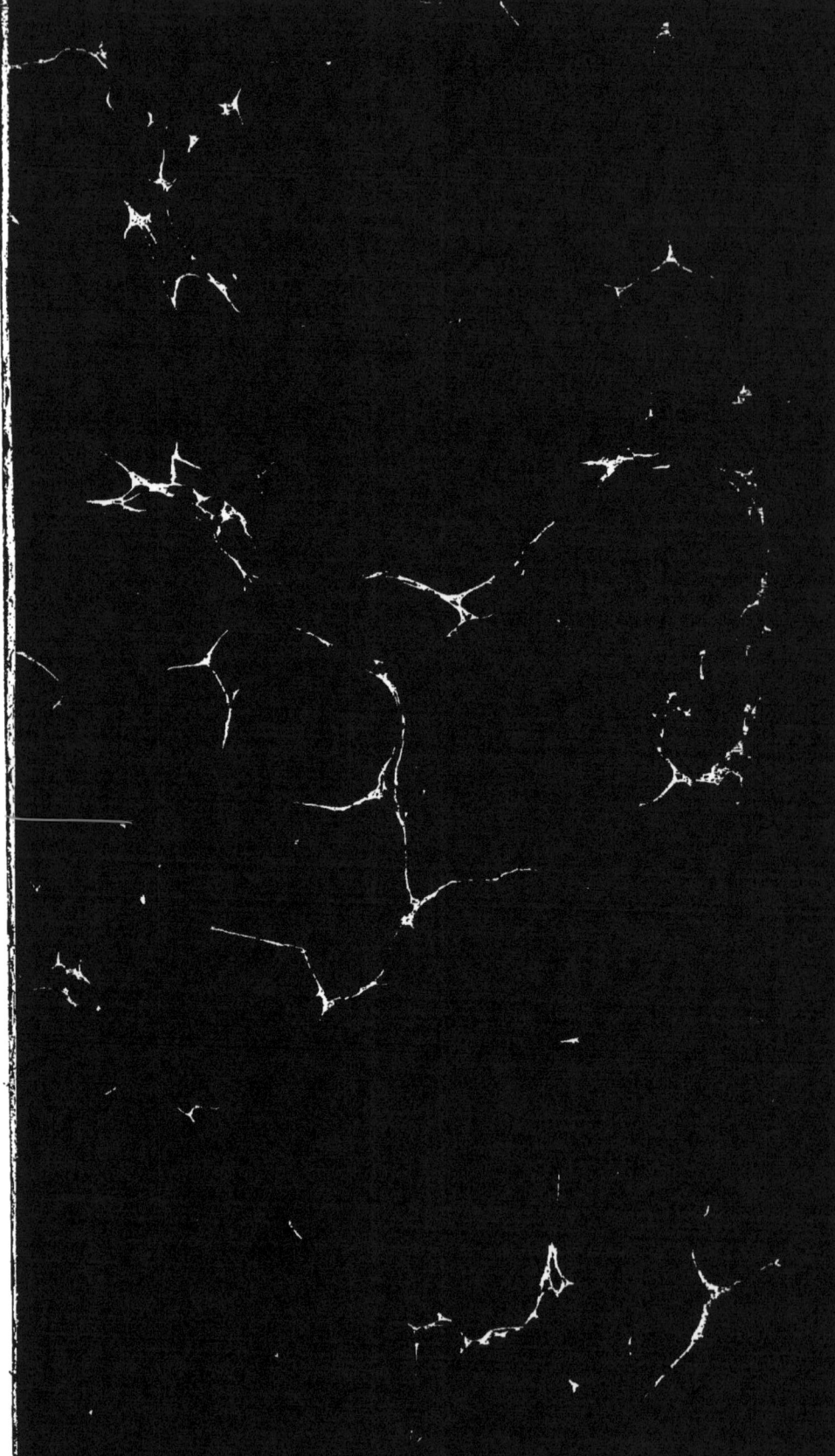

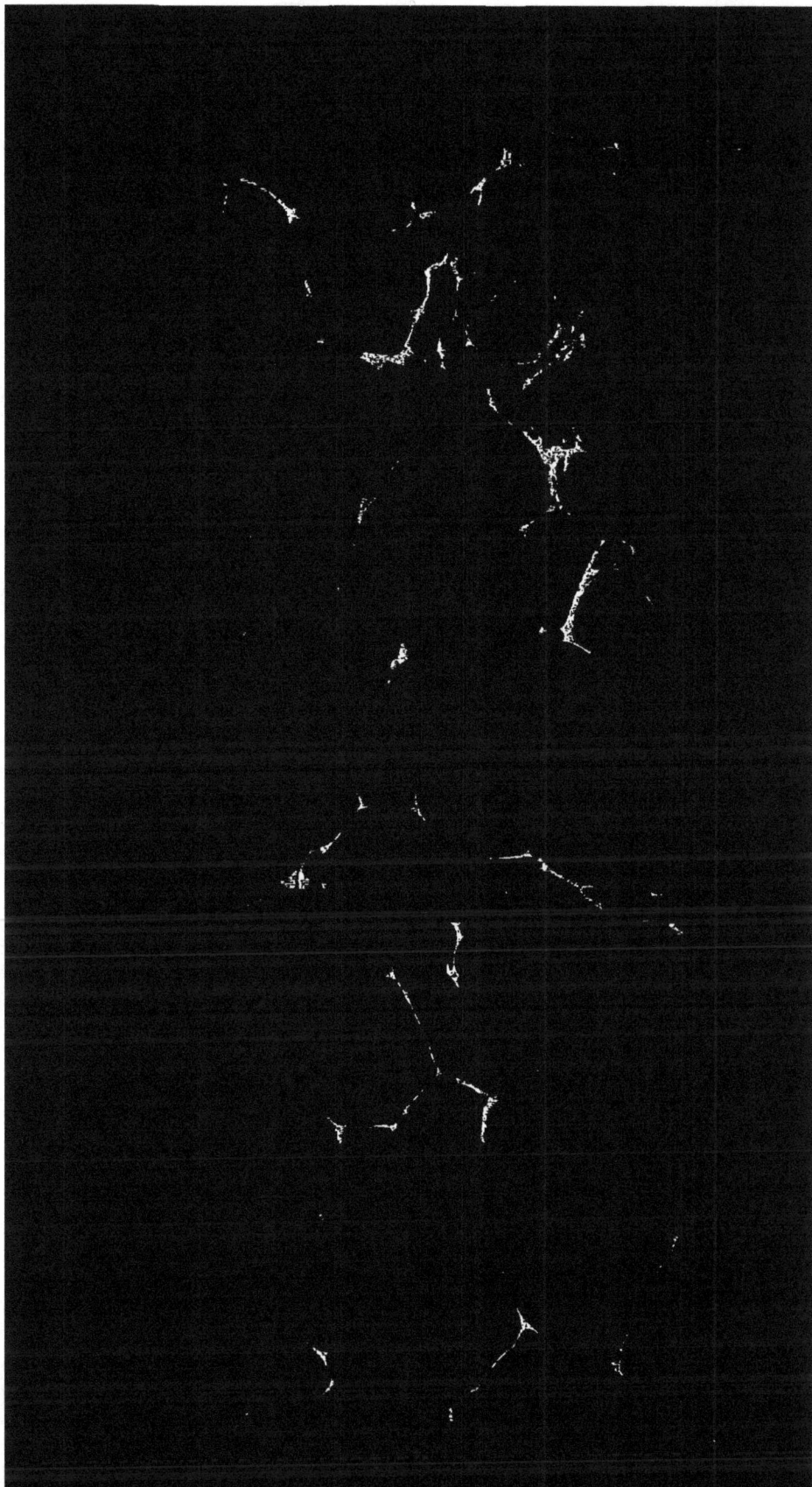

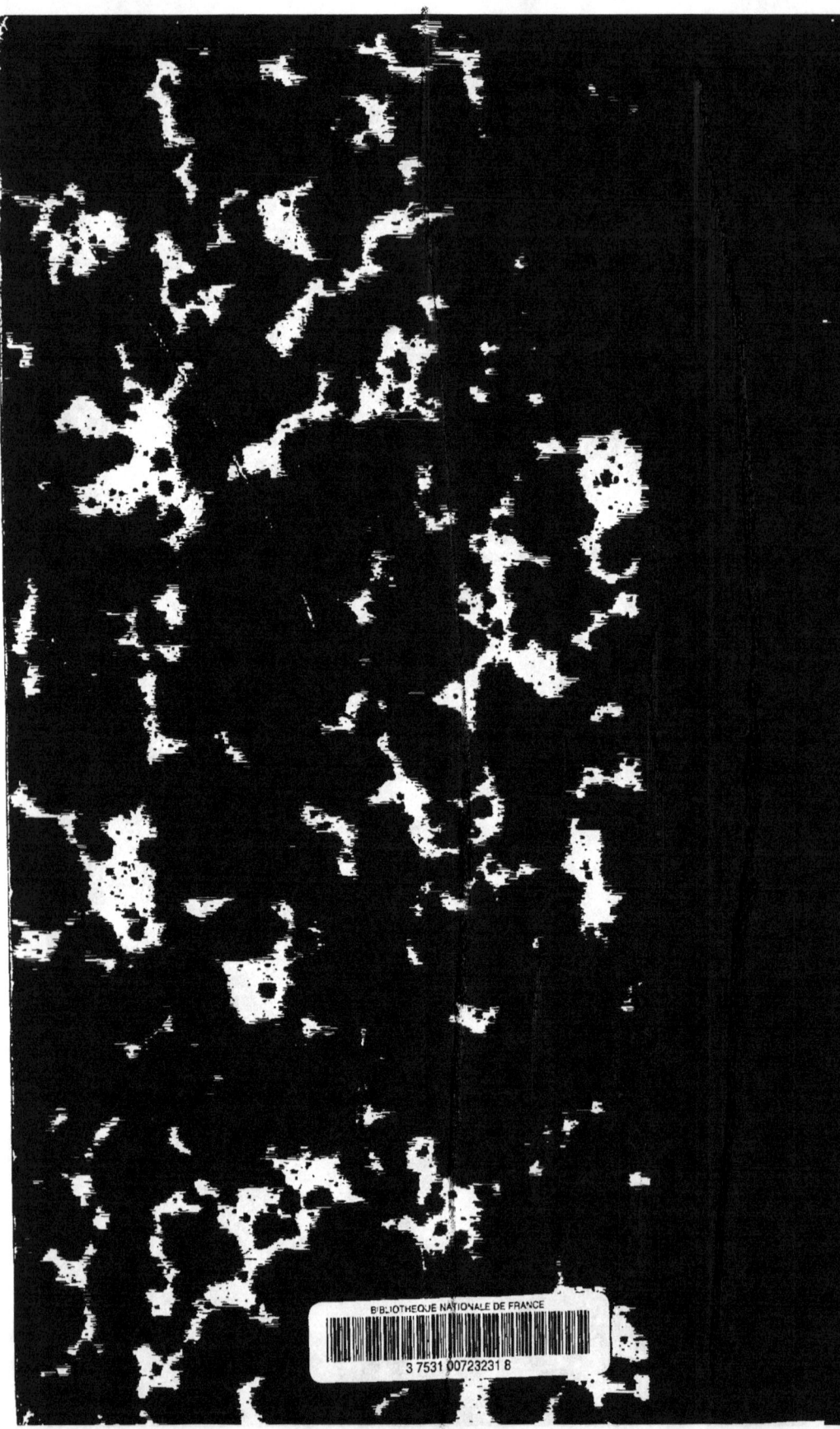

www.ingramcontent.com/pod-product-compliance
Lightning Source LLC
Chambersburg PA
CBHW060636170426
43199CB00012B/1571